반짝하는 대박보다 중박으로 롱런하는 전략

장사 준비 한 권으로 끝장내기

장사 준비 한 권으로 끝장내기

초판 1쇄 발행 | 2023년 12월 8일

지은이 | 장수현
펴낸이 | 김지연
펴낸곳 | 생각의빛

주 소 | 경기도 파주시 한빛로 70 515-501

출판등록 | 2018년 8월 6일 제 406-2018-000094호

ISBN | 979-11-6814-061-5 (03190)

원고 투고 | sangkac@nate.com

* 값 14,500원

* 생각의빛은 삶의 감동을 이끌어내는 진솔한 책을 발간하고
있습니다. 참신한 원고가 준비되셨다면 망설이지 마시고 연
락주세요.

장사 준비 한 권으로 끝장내기

반짝하는 대박보다 중박으로 롱런하는 전략

장수현 지음

생각의빛

프롤로그

"요즘 제일 잘 나가는 메뉴는 무엇인가요?"

"그냥 저는 욕심 없어요. 다 빼고 월 500만 원만 벌면 되는데 할 만한 거 좀 있을까요?"

"직원 때문에 못해 먹겠어요. 아는 사람 소개 좀 시켜 주세요."

컨설팅 상담이나 외식업 대표님들과 미팅을 하면 가장 많이 듣는 얘기입니다. 이 질문 3가지에 외식업 현실이 고스란히 들어 있다고 생각합니다. 창업을 준비해도 현재 매장을 운영하고 있어도 어려움은 곳곳에 산재하고 있습니다. 지난 몇 년간 힘들게 버텨낸 코로나19를 지나고 잠시 반짝 특수를 누리는 것을 시기라도 하듯 금리 인상과 가파른 물가 상승까지 겹치면서 임대 매장이 급증하는 현상이 가속화되고 있는 현실입니다. 또한, 외식업의 고질병인 인력난에 더해진 최저 시급 인상은 소상공인들에게 더욱 힘들게 하고 있습니다.

　이런 어려운 환경 속에서도 창업 박람회를 가보면 청년 창업자들과 퇴직자들의 외식업 창업 열기는 여전히 뜨겁습니다. 외식업의 특성상 거의 전 재산을 걸고 시작하는 경우가 다반사이므로 사업을 준비할 때 최소한의 체크 사항에 관한 공부 정도는 하고 시작해야 합니다.

　그런데도 아직도 많은 사람들이 스스로 음식을 좀 잘하는 것 같거나, 하던 일 하다 잘 안되면 그냥 식당이나 하면 될 것이라는 마인드로 외식업을 너무 쉽게 생각하는 경우가 아직도 많이 보여 안타깝기만 합니다. 물론 맛있는 음식 하나로 몇 십 년을 꼿꼿하게 지켜오는 성공적인 노포들도 많이 있습니다. 하지만, 그들 역시 그 많은 세월 안에 얼마나 큰 노력과 인내를 해왔는지에 대해서는 굳이 알려고 들지 않습니다. 그저 줄 서는 매장에 가서 맛을 보고 나서

　"어? 맛이 별로인데 어떻게 대박집이지?"

　"이 정도면 나도 할 수 있겠다."

　"이야~ 돈을 거저 버네. 부럽다."

　"나 같으면 이렇게 안 한다."

　등등 현재 모습만 보고 외식업의 진입 자체를 너무나 쉽게 생각하곤 합니다. 외식업의 진입장벽은 타 산업 대비해서 상대적으로 낮은 건 사실입니다. 어떤 자격증을 꼭 소지해야 한다거나 경력이 몇 년 이상이어야 하는 것도 아니고, 나이에 상관없이 어떤 경력을 가졌든 본인의 의지

와 기초 자본만 준비된다면 창업할 수 있는 장점도 있습니다. 하지만 창업비만 준비되었다고 해서 무턱대고 맛집 몇 군데 탐방하고 아이템을 정했다가 상권과도 맞지 않는 메뉴로 고객에게 처절하게 외면당하는 경우도 많습니다. 본인은 초기 투입 자본 때문에 이러지도 저러지도 못하는 상황을 갇히거나, 현장 경험이 많은 주방 실장 출신들이 본인의 경험만을 믿고 섣불리 매장을 운영하다가 경영상이 문제를 극복하지 못해서 결국 폐업을 준비하는 경우도 다반사입니다. 이처럼 많은 어려움에 닥친 분들과 함께 영업시간 외 새벽 시간까지 심도 있게 고민하고 더 나은 방향을 찾아드리는 것이 제가 하는 업의 사명이기도 합니다.

"참 특이한 이력의 소유자!"

저를 늘 따라다니는 수식어 중 하나입니다. 대기업 경영지원실에서 회계 업무를 10년 가까이 해오던 사람이 내가 하는 음식을 맛있게 먹는 것을 보는 것이 너무 좋아 요리 공부를 하면서 주변의 요청으로 우연히 시작된 요리 강의와 요리 연구가를 거쳐 메뉴 기획 및 개발자로서 창업지원센터 상인대학 교수, 외식 컨설팅 대표로 살아가면서 메뉴 기획에 앞선 브랜드의 방향성을 점검하고 예비 손익계산서를 분석하면서 상담하는 것을 무엇보다도 중요하게 생각합니다. 일반적인 이력이 아니기에 처음 발을 딛을 때 이방인처럼 느껴지곤 했습니다. 하지만 점점 시간과 경험이 더해가면서 단순히 메뉴만 바라보는 것이 아니라 브랜드 전체의 흐름을 파악하는데 기존 경력들이 힘을 보태면서 운영상 경영의 부분까지도 깊숙이 파악하고 터치할 줄 아는 외식 메뉴기획자, 컨설턴트가 되어 있습니다. 이론과 실무의 괴리감을 상쇄시키고자 다소 늦게 시작한 석사과정 시절 외식 창업자를 위한 메뉴개발 과정을 모교에서 진행하면서 소상공인 다수의 민낯을 접하게 되었습니다. 매장의 매출을 올리기 위해서는 단순히 새로운 메뉴만 넣으면 된다고 생각하는 분들이 많습니다. 메뉴 개발이란 그 브랜드에 왜 그 메뉴를 넣어야 하는지 다른 메뉴와의 어울림은 어떤지, 그 메뉴를 넣음으로 인해서 동선이 바뀌지 않는지, 원가분석을 통해 메뉴 가격설정은 어느 선이 적당한지, 새로운 메뉴를 넣음으로 인해 다른 메뉴들의 판매 추이, 가격 등에 영향은 없는지, 삭제할 메뉴는 없는지 등의 검토가 필수적임에도 불구하고 하루하루 매장에서 근무하는 것에 바쁘시다 보니 검토는 커녕 필요성마저 인지하지 못하는 경우가 다반사였습니다. 메뉴 개발 과정을 수강하는 분들에게 도와달라는 요청이 줄을 이었고, 직접 매장에 방문해서 상황을 파악하고 가이드하기 시작하면서 소상공인을 돕기 위한 창업 강의라면 원거리라 할지라도 주저 없이 참석해서 현장에 적용할 수 있는 방법을 찾아드렸습니다. 그 이후로 지금까지 이어진 제 고민을 하나입니다. 어떻게 외식업에 계신 분들이 좀 더 현실적으로 실행 가능하도록 도울 것인가?

2층 매장 창가에 앉아서 손님이 들어오지 않는 1층 입구를 바라보면서 '손님아, 들어와라~' 주문을 외우셨다는 대표님과 컨설팅을 진행한

적이 있습니다. 음식도 진정성 있게 조리하고 계시고 맛도 좋았습니다. 하지만 상권의 특성 및 홍보 부족 등 여러 문제들로 컨설팅을 의뢰하셨는데 대표님의 가장 큰 고민은 이런 사항을 같이 고민하고 해결할 사람이 없다는 것이었습니다. 같이 근무하는 직원들과 메뉴 개발도 해보시고 운영안에 대한 고민도 해보셨지만, 여전히 속 시원한 답을 찾기는 힘들다고 하셨습니다. 직원과의 입장 차이로 대표로서 메뉴 개발, 주방 동선, 고객 접객에 이르기까지 혼자 챙기시기가 너무 외롭다는 말씀이 너무 안쓰러웠습니다. 여러 개선점을 파악한 후 마케팅 방안, 주방 동선, 운영 시 문제점들에 대해서도 깊이 있는 논의 끝에 매뉴얼을 만들어 실제 현장에서 적용하실 수 있도록 하고, 기존의 뜨거운 메뉴로만으로는 한여름에 대응하는 경쟁력이 없어서 살얼음 육수와 특제소스를 올린 냉 쌀국수를 개발해서 그 해 여름 매출에 톡톡히 한몫을 해낸 사례가 있습니다. 신메뉴 개발의 문제뿐만이 아니라 같은 시각으로 바라보고 문제를 해결해 가는 동반자가 있다는 것에 큰 위로를 받으시면서 과정 자체를 즐기시고 너무 행복해하시면서 진행하였기 때문에 좋은 결과가 나올 수 있었습니다.

이처럼 외식업은 혼자서 모든 선택에 대한 결정을 내려야 하므로 얼마나 외롭고 힘들고 상처받는 일이 많은지 어지간한 정신력을 가지고 있어도 수없이 자존감이 꺾이고 좌절하는 일도 부지기수입니다. 그래서 상담 때도 잘못된 점을 무작정 지적하거나 바꾸라고 종용하지 않고 그간 집중했던 부분이 어떤 것인지 가장 노력이 많이 들어간 메뉴와 그 이유와 개발 배경, 운영하면서 가장 큰 어려움 등을 꼼꼼히 챙겨 듣고 가고자 하는 방향성을 최대한 살려 브랜드에 반영시키는 것을 우선에 두고 상담합니다. 그분들에게는 최선의 노력으로 만들어진 결과이므로 지적과 질책보다는 그간의 노력을 칭찬하고 장점을 살려주면서 목표를 잡아 가이드 하는 것이 지속할 힘임을 잘 알고 있기 때문입니다.

깊숙한 공감을 담은 상담을 하다 보면 눈물을 흘리시는 대표님들도 많습니다. 상담 의뢰를 하시는 분들 대부분은 이미 수많은 밤을 고민하시느라 잠을 설치시고 누구보다 많은 고민을 겪으신 분들이므로 그분들에게 여러 가지의 문제점을 지적하는 것은 자칫 불난 집에 부채질해서 그간 해 오신 노력까지 부정당하는 느낌을 줄 수밖에 없습니다. 브랜드에 대한 고민을 가장 많이 하는 사람은 바로 대표님 자신일 것임으로 개선의 부분이 있다고 할지라도 성향에 맞춰 하나씩 차분히 해결하지 않으면 그간의 노력과 고민이 오히려 아집으로 브랜드에 반영되어 원치 않는 방향으로 흐를 가능성도 막기 위함입니다.

물론 외식업 현장에는 무수히 많은 전문가와 컨설턴트, 기획자가 존재하고 성공 사례 관련 서적도 많습니다. 내가 정말 외식업으로 한 획을 그어 직영을 넘어 프랜차이즈로 확장 운영할 수도 있고, 외식업에 성공한 CEO로서 남고 싶다면 말처럼 쉬운 일은 아니지만 관련 서적들 10권 정도는 정독해서 내 것으로 체화시키고 실천하는 것이 필요합니다. 하지만, 외식업에 특성상 따로 공부할 시간을 내기가 쉽지 않기도 하고 다양한 경험치를 모두 습득하는 것이 어려운 일이므로 최대한 쉽게 같이 옆에서 도와주는 과외 선생님의 마음으로 전교 1등은 아니래도 지금보다는 2~3등급 정도는 올려줄 수 있도록 이 책을 통해 도와드리려 합니다. 물론 이 책을 읽는다고 해서 갑자기 대박집으로 줄을 세울 수 있다는 것은 거짓말일 것입니다. 하지만 책의 내용대로 하나씩 실행하면서 지금보다 훨씬 큰 목표의 브랜드를 만들 수 있다는데 작은 실천 동기라도 가지실 수 있다면 얼마나 보람될지 싶은 마음입니다.

부디 외식업 선수분들께서는 본 책을 구입하지 말기를 청합니다. 전교 1등이 볼 때 본인의 경험이 진리일 수 있고, 또 방법이 다소 다를 수 있습니다. 이미 잘하고 계신 선수분들께서는 먼저 성공하신 길잡이로서 조언해주시고 응원해 주시기를 바랍니다. 저는 여전히 현장에서 날 새면서 고민하고 같이 뛰어보겠습니다.

제1장
제1장 메뉴는 개발이 아니고 기획부터

메뉴의 맛을 최고로 만들지 말아야 하는 이유

메뉴의 맛을 최고로 만들 필요가 없다. 무슨 소리인가 싶을 거다. 분명 외식업에 중요한 건 당연히 '맛'이다. 맛이 없는 메뉴를 좋아하고 트렌드를 반영한 콘텐츠만으로 재방문하는 고객을 기대하긴 힘들다. 잠시 인기가 있을 수는 있으나 맛이 기본이 되지 않는다면 자연히 고객의 외면을 받을 수밖에 없고 매장의 지속력이 떨어질 수밖에 없으므로 맛을 최우선에 두고 운영해야 하는 것은 당연한 수순이다. 하지만 최고의 맛만을 찾아 헤매느라 정작 챙겨야 하는 것들을 놓치지 말라는 뜻이다. 그렇다면 '최고의 맛!'의 기준은 무엇일까? 메뉴 개발에서 맛을 잡는 기준은 안타깝게도 '대표님의 입맛'인 경우가 참 많다. 일반적으로 메뉴를 테스트할 때는

1. 메뉴 아이템을 잡는다.

2. 우선 메뉴를 만든다.

3. 원하는 그릇을 골라서 담아보고 맛을 본다.

4. 맛을 보면서 대표님 및 직원들 의견 수렴을 시작한다.

5. 맵고, 짜고, 싱겁고 각각의 의견을 낸다.

6. 다수결의 의견이나 대표님의 의견대로 맛의 중심을 논한다.

7. 메뉴의 맛이 결정되고 나면

8. 그릇에 맞게 이런저런 의견으로 데코레이션을 한다.

9. 같은 방법으로 최종메뉴의 맛이 결정된다.

자! 여기까지가 일반적으로 메뉴 테스트 후 결정되는 과정이다. 여기서 이상한 점이 없었는지 살펴볼 필요가 있다. 우선 메뉴개발에 앞서 기획 단계가 빠졌다. 우리 브랜드의 방향성에 맞는 메뉴 구성이 우선시되어야 한다. 창업의 경우 메인메뉴와 사이드 메뉴를 구성할 때 창업하려는 상권과 고객층이 원치 않는 결과를 내어놓으면 고객 선택 우선순위에서 배재될 수밖에 없다. 맛이 있는데도 안 되는 식당들은 그 중심 안에 문제점을 발견해서 빨리 제거하는 작업이 우선시 되어야 한다. 실력 있는 주방 실장들이 나와서 식당을 차리면 망한다는 속설이 여전히 꽤 많이 맞는 이유는 메뉴 완성도, 실장의 탁월한 감각, 오랜 실무경험이 더해짐에도 불구하고 '요리'만 존재하고 '메뉴'가 존재하지 않기 때문이다. 예를 들어 중고등학교 주변에서 창업할 매장에서 메뉴를 구성한다고 치자! 그럼, 우선 고려해야 할 사항은 누구를 타깃으로 어떤 브랜드를 만들고 싶은가? 학생들이 좋아하는 분식집을 오픈하기로 결정했다면? 그럼 어떤 분식집을 만들 것인가?

1) 값싸고 편하게 먹을 간식 개념의 메뉴를 만들 것인지

2) 친구랑 하교 시 들러 저녁으로 손색없는 메뉴를 만들 것인지

1) 의 경우 take out 가능하며 조리 시간이 짧고 손에 들고 먹기도 부담 없는 메뉴들을 포함해야 한다. 컵 떡볶이, 핫도그, 떡꼬치, 탕후루 등등이 여기에 속한다.

2) 경우 매장에 들러 친구랑 만나서 먹으면서 수다도 떨고 학원 가기 전 식사 메뉴로도 든든하게 먹을 수 있는 넉넉한 양과 합리적인 가격이 매력적인 즉석 떡볶이, 돈가스, 스파게티, 샌드위치 등이 있을 수 있다. 이렇게 메뉴 카테고리가 정해진 후 만약 주력 메인메뉴를 즉석떡볶이로 정했다면 곁들임 메뉴는 튀김으로 해서 세트 구성을 할 것인가 단일 품목으로 각각 주문해서 가성비를 높일 것인가도 고민해야 한다. 이러한 구성안이 자리를 잡고 나면 비로소 떡볶이에 대한 포맷을 잡고 어떻게 어느 그릇에 담아내고 먹는 방법은 어떻게 할 것이며 먹는 고객에게

어떻게 이미지를 전달할 것인지를 구체화해야한다. 구체화 작업이 끝난 후에야 떡볶이 맛을 보고 염도와 당도, 농도, 데코레이션 등을 테스트하면 된다. 아는 얘기일 거라 생각할 수 있겠지만 구체적으로 목표 고객에게 어떤 이미지로 먹는 모습까지 형상화시켜 메뉴를 기획하는 곳은 흔치 않다. 대부분 학생이 치즈를 좋아하니까 치즈떡볶이를 할까? 마라가 유행이라는데 마라떡볶이를 할까? 라는 이분법적인 고민을 먼저 하면 맛을 아무리 최고로 잡아낸들 절대 메뉴 개발에 성공했다고 할수 없다. 그렇다면 메뉴 맛의 기준은 어떻게 잡을 것인가?

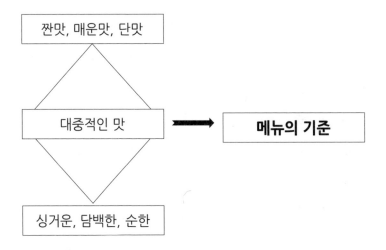

위의 모형을 보면 대상 타깃이 어떤 맛을 좋아하는지 벤치마킹을 통해 표준모델을 만든 후 맛에 관해서는 보편타당한 80%의 대중적인 맛의 기준을 세워 구현해 놓고 나만의 레시피를 개발해서 비교 분석하는

것이 필요하다. 잘되는 브랜드의 기본 맛도 내지 못하면서 나만의 레시피를 탄생시킬 수 있다고 믿는 것은 너무 욕심이다.

　대학가에 오픈한 닭요리 전문점 컨설팅 사례이다. 메뉴 개발만을 원하셔서 기획 단계를 빼고 원하시는 메뉴만을 개발해 드렸다. 닭도리탕과 짜장 찜닭 반반으로 개발해 드렸는데 벤치마킹 후 기준점으로 잡았던 브랜드는 상권의 특징을 잘 반영하여 성업 중이었고, 메뉴는 트렌디한 포맷으로 약간 달고 짰다. 내게 의뢰하신 50대 대표님과 40~50대 임원진들이 계속 맛만을 테스트하면서 얼큰해야 한다, 국물을 떠먹었으면 좋겠다, 벤치마킹 브랜드 음식은 너무 달았으니 단맛을 빼 달라 등등의 요구사항을 고집하셨다. 결국 그 닭도리탕은 얼큰하고 국물이 많으며 해물을 사용해서 마치 해물탕 같은 맛의 샘플이 결정되었다. 제발 부탁이니 인근 대학생들을 불러 블라인드 테스트를 해보자고 끊임없이 요청했으나 대표님이 맛집 마니아라고 본인 입맛에 대한 확신을 버리지 않으셨다. 결국 정작 타깃 층에 대한 단 한 번의 검증도 거치지 못한 채 메뉴가 출시되었고, 오픈 첫날부터 혹독한 악평을 받아야 했다. 대표님이 맛을 잘 몰랐기 때문이라고 보기 보다는 정확한 콘셉트가 없는 상태에서 맛에 대한 표준점도 잡지 못한 오류를 범한 것이었고 나 역시 더 설득하지 못한 탓이었다. 그저 결정된 사항이니 내 선에서 어찌할 수 없다고 포기한 내 불찰이고 스스로 꽤 아픈 선례를 만들었다. 이 사례는 최고의 맛을 찾지 못해서 실패한 것일까? 아니다. 맛의 방향성이 달라서였다.

'맵고 짜고의 중요함이 아닌 누가 맛있다고 할 것인가?'

바로 이 질문이 빠졌던 것이다. 그 질문에 대답은 결국 내 매장에 방문하는 고객의 입장에서 메뉴 주문, 서빙, 먹을 때 모습, 계산하고 나갈 때 모습까지 모두 그려져야 한다. 그 이미지가 그려지지 않으면 음식이 최고인 것은 기준점도 없는 외면당할 준비 중인 메뉴일 뿐이다. 벤치마킹 매장을 방문할 때에도 필히 평균 맛을 찾는데 힘을 쏟아야 한다. 단점보다는 장점을 찾아 메모하고 내 매장에는 어떻게 적용할 것인지 차근히 구분해야 한다. 그저 본인의 입맛에 의거해서 그저 맛없다, 종업원 서비스는 불친절했고 테이블 물기가 덜 닦여서 불결했다 등으로 판단하기에는 대박 집들은 다 그만한 이유가 있다. 그럼에도 불구하고 소비자가 찾는 이유를 내가 찾아내는 것이 100% 만족한 맛을 찾는 것보다 중요하다.

고객이 선택한 음식에 감정을 각인시키는 방법

노포를 생각해 보면 어떤 느낌이 떠오르는가? 정감 있고 오래되었으니 정통성을 가지고 있을 듯 보이고 할머니의 손맛이 떠오르고 등등의 이미지들이 떠오른다. 그럼 이미지를 떠올리는 고객층은 어떨까? 실제로 노포를 갔을 때 만족스러운 식사를 했다고 생각해 본 경험이 얼마나 있을까? 의외로 유명한 노포에서 너무 맛있었다보다는 별거 없는 맛이거나 위생과는 거리가 멀고 게다가 불친절하기까지 한 경험이 한번쯤은 있을 것이다. 그럼에도 불구하고 끊임없이 노포를 찾는 이유는 무엇일까? 고객은 경험에 대한 값어치를 지불하려 한다. 대한민국 사람 누구든 붙잡고 떡볶이 맛집이 어디냐고 물어보면 대다수의 사람들은 이렇게 말한다. '학교 앞 떡볶이' 과연 그 학교는 어디란 말인가? 왜 그토록 학교 앞에 맛있다는 떡볶이집들이 몰려있는 것일까? 그 역시 추억과 경험으로 설명할 수 있다. 유명한 떡볶이집들이 즐비하고 막상 그보다도 맛있는 매장들도 수없이 많지만 유독 학교 앞 떡볶이는 지금도 여전히 학생들의 명품장소로 회자하고 졸업해서도 배우자나 자녀들을 데리고 간다. 설사 같이 간 사람들이 맛없다고 느껴도 별 상관은 없다. 가자고한 본인이 맛있으면 언제고 다시 방문한다. 다음에는 다른 친구를 데리고 가서 이 떡볶이가 얼마나 맛있는 집이고 얼마나 오래 되었는지 구구절절 설명하면서 말이다.

그러한 이유로 대한민국의 노포들은 존재한다. 떡볶이집 외에도 훌륭하고 전통 있는 노포들도 많다. 몇 대를 내려오면서 숨은 비법을 더해가면서 맛의 정통성을 잃지 않으려 노력하는 곳도 있고, 철저히 기획된 스토리를 입혀 오래된 곳으로 마케팅에 성공한 사례도 있다. 외식업에서 우스갯소리로 대박 나는 노포가 되는 법은 '내 건물에서 오래 버틸 것!'이라는 명언도 존재한다. 그만큼 오랜 시간을 버텨낸 여러 가지 형태의 노포에는 어떤 매력이 숨어있기에 그토록 열광하고 줄을 서는 것일까? 심지어 요즘 MZ세대들에게 레트로는 빠질 수 없는 콘셉트이자 트렌드이다. 그 덕에 우후죽순 레트로를 표방한 매장들이 각기 다른 매력을 뽐내기도 하지만 한편으로 여기저기서 억지로 가져다 붙여 그저 그런 엉성한 레트로를 흉내만 낸 매장도 있다.

MZ세대는 나름 기본적인 생활 여건을 갖춰진 환경에서 자라났다. IT가 많이 발달한 여러 환경을 그대로 흡수하며 그야말로 최첨단을 걷고 있는 가장 스마트한 세대이므로 그 최첨단이란 단어에 반하는 레트로는 그야말로 신세계일 수 있다. '할매니얼'이 유행하며 약과가 열풍을 일으켜 과자부터 아이스크림 등 디저트시장을 점령함도 모자라서 연회나 잔치에서 귀하게 먹던 개성주악까지 꿈틀대며 인기몰이를 시작했다. 여름휴가로 친구들과 농촌의 평상을 경험하고 몸뻬를 입고 부침개를 부쳐 먹으면서 인증샷을 남긴다. 이들에게 이제껏 느껴본 적 없는 이 경험들이 레트로인 것이다.

을지로가 '힙지로'로 부각되고 그 골목 구석구석 사람이 북적이고, 버젓이 사람이 많이 걸어 다니는 길거리 한쪽 담벼락에 원형 테이블을 놓고 플라스틱 의자를 놓고 앉아서 그 분위기를 누리는 대부분은 MZ세대이다. 마치 80~90년대 광경을 그대로 옮겨둔 모습이다. 그 야장을 경험하기 위해 오랜 시간 줄서기를 마다하지 않는다. MZ세대에게 레트로는 영감을 주고 소박하지만 소위 '갬성'을 느낄 수 있기 때문에 폭발적인 인기를 얻으며 노포 느낌의 골목 속 매장들이 여러 형태로 승승장구하고 있다.

이토록 인기를 끄는 노포의 가장 큰 특징은 감성이다. 그 가게에는 고객이 느끼고 싶은 감성이 녹아있다. 현재 4050에게 노포는 중고등 시절 할머니 집, 우리가 살았던 집과 동네 풍경이며 출퇴근시간에 보이던 일상 중 하나였다. 하지만 요즘 2030에게는 겪어보지 못한 경험과 풍경이다. 상대적으로 4050보다는 물질적으로 여유롭게 학창 시절을 보낸 세대로써 휴대폰과 게임, 영상 등 익숙한 상황에 물리적으로 많이 노출된 환경에서 자라났다. 그렇기 때문에 '겪어보지 않은 아날로그적인 환경'이 '겪어보고 싶은 문화'로써 자리를 잡는 것이다. 사람들은 시간이 지나도 기억 속에 각인되어 있는 추억들이 있다. 하교 시 친구랑 도란도란 수다 떨며 먹었던 매콤 달달한 몇백 원이면 먹을 수 있었던 밀 떡볶이, 더운 여름날 쪽쪽 빨아먹다가 혓바닥이 파래져서는 친구들과 깔깔대고 놀려가며 먹었던 색소 범벅 슬러시, 신입사원 시절 눈치 보느라 불편해서 제대로 즐기지도 못했던 회식 후 해장으로 밥 한 공기를 말아 후루룩 먹어주면 속도 맘도 확 풀리던 순대국밥, 출근 때마다 지하철역 입구 고소하게 마가린에 구워지는 토스트와 홀짝거리며 마시던 밀크커피로 잠을 깨고, 어느 추운 날 지나다 들른 포장마차에서 어묵 한 꼬치에 간장을 콕 찍어 후후 불면서 한입 베어 물고 종이컵에 담아준 국물 한 컵이면 얼었던 몸이 녹아내리던 기억, 이러한 기억들은 그 음식에 대한 감성을 배가시키며 굉장히 주관적이고 잊지 못하는 소소하고 기분 좋은 추억으로 존재하게 만든다.

　한남동에 위치한 유명한 장작구이 통닭집은 미리 전화해서 예약시간을 정하지 않으면 포장조차 불가능하다. 물론 기본적으로 맛이 좋기는 하지만 그 가격을 주고 먹어야 하나 싶게 닭이 크지도 않고 대한민국 최고라고 할 만큼 다른 브랜드의 장작구이 통닭과 특출나게 맛이 다른 것도 아니다. 그러나 여전히 줄을 서서 2시간 이상을 기다리면서 외부 화

덕에서 장작불로 구워지고 있는 닭들을 보면서 몇 개 되지 않는 테이블에서 맥주 한 잔과 통닭을 먹고 싶은 이들은 기꺼이 줄을 선다. 그 '갬성'과 기다리는 시간을 맞바꾸기를 주저하지 않는다.

이태원에는 비 내리는 날이 콘셉트인 카페가 있다. 카페에 실외 정원을 구성하고 밖에 스프링클러를 상단에 설치해서 날씨와 상관없이 시원하게 비가 내리는 이미지를 만들어뒀다. 고객들은 예쁜 우산을 쓰고 날엔 맑은 하늘 아래 비 오는 모습, 흐린 날엔 그 날대로의 비 오는 모습을 연출하면서 사진을 찍는다. 마치 영화의 한 장면을 연상시키는 사진을 찍을 수 있는 명소로 유명하다. 비 오는 날의 감성은 굳이 설명하지 않아도 각자의 추억과 맞물린 기억의 연상이 가능하다. 이 감성을 공간과 메뉴에 잘 녹여내어 고객이 꼭 경험하고 싶은 감성 카페로 기억시킨다. 이 모든 요소들이 결국 음식에 감성을 인지시키고 있는 것이다.

우리 매장에서 주고 싶은 기억을 그려보자. 메뉴와 공간에 녹여서 고객이 시간을 맞바꿀 수 있을 만한 장치로써 고객이 경험하고 싶은 요소를 찾아야 한다. 꼭 레트로가 아니어도 상관없다. 브랜드 이름만 듣고도 떠오른 이미지가 공간과 메뉴로 연결하면 고객은 그 이미지에 지갑을 열 준비를 하게 된다. 성공한 감성 핫플레스는 그저 한두 개만 선택해서 베낀다고 해서 할 수 있는 것이 아니다. 철저한 계산 안에서 해당 요소들이 맞물려야 가능하므로 절대 호락호락하게 공부하지 않고 달려들면 안 된다.

그릇의 가치가 메뉴의 가격을 움직인다

음식점을 예약하고 방문한다면 고객은 당연히 그 가치에 대한 기대치가 있다. 위치, 가격, 메뉴 구성 등등 실수를 최소한으로 줄인 한 끼가 되어주기를 바란다. 방문한 음식점은 여러 코스가 있고 가격은 비싼 편이지만 인테리어는 무척 맘에 든다는 상황을 그려보자. 메뉴를 신중히 골라 주문하고 서브되어 나오는 음식이 음식과는 전혀 어울리지 않는 멜라민 그릇이라면 어떤 기분이 들까? 물론 요즘에는 다양하고 품질 좋은 멜라민 그릇이 많고 오히려 도자기 재질보다 더 비싼 멜라민 제품들도 많다. 남대문 시장에 시장조사를 가 보면 도자기 그릇 신제품이 나오기가 무섭게 같은 형태의 멜라민 카피 제품이 나와 있는 것도 볼 수 있다. 아무래도 가벼워서 다루기 쉽고 도기에 비해서는 잘 깨지지 않고 설거지와 거치도 용이하기 때문에 편의상 많이 사용하는 것이 멜라민이기 때문이다. 지금까지 언급한 목적들은 고객을 위한 것이기보다는 보통은 업주의 편의상 사용하는 것이 일반적이다.

물론 레트로를 표방하는 매장에서는 콘셉트에 맞는 멜라민 그릇을 의도적으로 사용하며 그 느낌을 살리기도 한다. 이 경우 인테리어와 음식 느낌 등에 맞춰 사용한다면 전혀 문제 될 것이 없다. 오히려 레트로한 느낌 안에 어울리지 않는 고급 도자기 그릇을 쓰는 것이 고객이 몰입하지 못하게 하는 방해 요소가 될 수 있다. 저렴하지만 푸짐하게 한 끼 먹는 것이 목적인 기사식당의 경우는 투박한 그릇일지언정 크게 영향을 받지는 않는다. 하지만 요즘 유행처럼 번지는 '가심비'는 싸고 양 많고 맛있는 '가성비'를 가뿐히 누르고 새롭게 떠오른 키워드의 강자다. SNS에 '가심비'를 검색하면 눈이 아프도록 화려한 각종 디저트류와 여러 카테고리의 옷을 입은 오마카세가 눈을 사로잡는다. 메뉴 자체가 화려하고 색감이 좋기도 하지만 그에 걸맞도록 스타일링된 커트러리가 눈에 띈다. 예쁜 음식이 담겨있는 화려한 그릇들은 내가 제대로 된 대접을 받고 있음을 증명하는 하나의 도구로 사용된다. 음식과 더불어 숏츠나 릴스 등의 각종 매체와 결합하면서 짧은 시간 내에 얼마나 가치 있는 메뉴인지 경쟁하기에 바쁘다. 더불어 단순히 평면 일색이던 그릇들이 다양한 형태로 사용되고 있음도 확인할 수 있다.

강남에 있는 커피전문점의 경우 골목 한 쪽 2층에 자리 잡고 있는데 경성의 느낌을 살린 것이 특징이다. 최근 레트로한 카페들의 특징 중 하나가 그릇의 다양성인데 이 매장 역시 일식도기를 커피 및 디저트 메뉴에 사용했다. 우유 판나코타는 일식 자왕무시 컵에 담아내서 흡사 순두부같은 비주얼이고, 에스프레소는 사케 잔에 제공한다. 커피가 메인이면서도 다양한 티 종류를 한국식 전통 다기에 차를 우려낼 수 있도록 제공해서 7천 원 ~ 1만 원으로 판매한다. 손님의 90%이상은 젊은 여성고객이 차지하고 메뉴가 나올 때마다 사진을 찍느라 여념이 없다. 다기에 담아낸 얼그레이 티는 놀랍게도 일반적인 티백 제품이다. 다기라고 하면 흔히 전통 찻잎을 떠올리지만 그저 티백 하나만 덩그러니 있을 뿐이지만 그 누구도 개의치 않는다. 다기만으로도 내부 공간과의 어울림이 좋고 사진을 찍으며 충분한 만족감을 선사하는 것이다. 일반카페에서 4~6천 원 선인 티백타입 차를 다기에 담아 제공하는 것만으로 2~3천 원 이상 추가단가를 올린 셈이다.

최근 가심비 열풍 중 하나로 오마카세 경우를 살펴보자면 사실 오마카세란 일본어로 '맡기다'라는 뜻으로 그날그날 주방장이 구입한 신선한 재료를 가지고 재량껏 메뉴를 선정하고 판매하는 것으로써 근래 일식 오마카세를 넘어서 우마카세(소고기), 커마카세(커피) 등으로 확장되었다. 강서에 위치한 한우 오마카세 매장의 경우 소고기를 부위별로 나무판에 나뭇잎을 깔아 제공하고 소금, 와사비 등의 소스와 육회 등을 다양한 용기에 담아내고 샐러드는 항아리에 담아낸다. 밥은 솥 밥으로 제공되고 1인 코스에 15만 원을 육박하지만 예약으로 늘 붐빈다. 이들 역시 음식에 대한 고민과 다양성을 개발한 메뉴 특성도 있으나 담아내는 형태의 변화가 일반적인 메뉴를 특별한 메뉴로써 대접받는다는 느낌이 들도록 구성했다. 같은 중량과 동일한 종류에 비해 월등히 비싼 가격으로 판매해도 소비자는 만족스러워 한다. 늘 강조하지만 그릇만 다양할 뿐 맛이 없고 메뉴의 품질이 떨어진다면 고객은 외면하기 마련이다. 하지만 같은 품질의 음식과 같은 분위기의 매장이라면 어떤 선택을 하겠는가? 당연히 그릇까지 신경써가며 플레이팅하고 제공하는 매장을 선호할 것이다. 막국수 한 그릇을 냉면용 스테인리스 용기에 담아내기보다는 묵직한 놋그릇에 담아낸다면, 아이스크림은 드라이아이스와 함께 플레이팅 하면서 먹는 내내 녹지 않고 사진도 예쁘게 찍을 수 있도록 얼린 도기에 담고, 고급스럽고 앙증맞은 수저와 함께 제공한다면, 그 플레이팅은 자연스럽게 단가 상승에 충실히 기여한다. 흔한 예로 밥집에서 공깃밥보다 솥 밥이 1~2천 원 이상이 비싸다. 공깃밥에 비해 솥 밥은 공이 좀 더 들어가긴 하지만 요즘은 전기 인덕션이 시중에 많이 판매되고 있기 때문에 솥 밥이라고 해서 조리 과정이 크게 복잡하지는 않다. 소비자에게 갓 지은 따끈한 밥과 밥을 퍼낸 후에 누룽지에 물을 부어 숭늉까지 먹을 수 있는 솥 밥이야말로 공깃밥과는 비교할 수 없는 정성을 느끼게 만든다. 메뉴를 담는 그릇이 주는 의미는 단순히 메뉴를 돋보이게 만들어 주는 데서 그치지 않는다. 언제 어디서 누구와 함께 먹는지에 따라 담음새도 달라지고 제공 방식을 달리하며 메뉴의 가치를 높이며 소비자의 만족을 높은 가격으로 연결하는 역할을 한다.

도자기에 예쁘게 담긴 메인메뉴와 동 떨어지는 멜라민 반찬 그릇이 메인메뉴의 격까지 껴안고 도망가고 있지는 않은지 살펴보고 바꿀 것은 빨리 바꾸자. 어차피 아무리 싼 기물이라도 세월이 흐르면 교체하면서 써야 한다. 외국에서는 이가 나간 그릇을 쓰는 것이 복이 들어온다고 생각해서 일부러 식당에서도 바꾸지 않고 사용하는 곳이 많다고 하나 한국 사람들의 정서상 이가 나간 그릇은 재수 없거나 손님에게 신경 쓰고 있지 않다고 생각하게 되므로 매일 점검해서 미련 없이 버리자. 굳이 재수 없다는 속설을 고객에게 전달할 이유는 없지 않은가? 아까워 못 바꾼 그릇 값보다 더 큰 대가를 치룰 수도 있음이다.

지금부터 찬찬히 점검해서 우리매장의 그릇들은 각 메뉴의 목적에 맞게 선택되었는가? 사이드나 반찬 그릇과 어울림은 어떠한가? 전체적인 상차림을 확인할 때는 메뉴별로 손님상에 나가듯 똑같이 담아 그대로 놓아보고 어색한 부분은 있는지 높낮이는 적당한지, 좀 더 다채롭게 보일 방법은 무엇일지, 메인 그릇은 메뉴를 가장 가치 있어 보이게 하는지를 정밀하게 관찰하고 메뉴를 한 단계 더 돋보이게 만들어 가치를 높일 방법을 고민하고 실행해보자.

맥락 없는 서비스가 본 메뉴를 살리는 법

메뉴 서비스라고 하면 어떤 것들이 떠오르는가? 흔히 많이 하는 서비스는 후식용 매실차를 제공한다거나 커피자판기를 비치해서 계산 후 커피믹스를 한잔씩 뽑아나갈 수 있도록 하거나 어린이 손님을 고려해 아이스크림을 제공하는 경우이다. 서비스라 하면 가격을 지불하지 않고 제공하는 무료의 재화만을 생각하기 쉽지만 과연 지금의 소비자들이 그 무료에 혹해서 메뉴를 선택하는지를 생각해 보면 바로 답이 나온다. 나 역시 그 정도 서비스로는 그 매장을 기억하지도 재방문하게 만드는 매개체로 생각하지 않는다.

가족외식의 경우 메뉴 선택권은 대부분 엄마나 아이들이 선택해서 정해진 곳으로 향한다. 성장기에 아이들을 키우는 엄마들은 아이들 입맛도 중요하지만 아이들이 먹기 편하고 양도 푸짐하고 기왕이면 영양분도 골고루 섭취할 수 있는 곳으로 선택하려는 경향이 짙다. 예를 들어 돼지갈비를 먹는다고 하면 드럼통에 연기 자욱하고 시끌벅적한 곳보다는 반찬 종류가 다양하고 정갈하며 분위기도 깔끔하면서 아이들이 왔다 갔다 해도 눈치가 덜 보이는 매장을 선호한다. 아이들이 어릴 때는 아이가 먹을 수 있는 사이드 메뉴들이 있고 아기 의자 등 편의시설이 마련되어 있는 곳을 선택하게 된다. 이런 요소들은 주부들에게 필요한 서비스로 인식된다. 가족외식으로 유명한 프랜차이즈 돼지갈비집의 경우 고기보다 뷔페식으로 차려둔 사이드들이 더 화려한 편이고 가족 단위 고객들로 문전성시를 이룬다. 해당 브랜드의 경우 일반매장과 프리미엄 매장을 나눠 운영하고 프리미엄 매장은 고기도 일반매장에 비해 다양하게 제공한다. 돼지갈비를 비롯하여 목살, 통삼겹살, 뼈갈비, 닭갈비, 돼지껍데기에 이르기까지 고객의 골라 먹는 재미를 만족시킨다. 사이드가 비치된 바에는 각종 야채와 떡, 빵, 감자 등의 탄수화물도 함께 비치했다. 음료 제공과 더불어 밥까지 추가로 시키지 않아도 함께 가져다 먹을 수 있다. 단순히 저렴한 가격에 무한리필이라는 메리트만으로 보기엔 사이드에 가족구성원의 다양한 입맛을 충족시키는 동시에 탄수화물을 챙기면서 포만감을 가중시켜 고기를 좀 덜 먹도록 유도해서 원가구조를 단단히 챙기는 고도의 계산이 숨어있기도 하다. 모든 매장이 이렇게 다양한 니즈에 맞춰 반찬이나 사이드를 늘려야 서비스해야 한다는 것이 아니다. 예상외로 메인과 어울리지 않는 서비스 메뉴들이 본 메뉴의 매출을 견인할 수도 있다.

강남의 한 골뱅이 집은 골뱅이를 시키면 일반적으로 함께 주는 소면을 따로 주문하도록 메뉴판 사이드 코너로 빼두었다. 메뉴는 파채와 튼실한 골뱅이만 무쳐서 제공된다. 소면을 시키려고 하자 전이 서비스로 나오니까 드셔보시고 주문하라고 한다. 골뱅이를 한두 개 먹다 보면 얇은 부추전이 빠삭하게 구워져 나온다. 별 다를 것 없이 부침가루에 부추 몇 가닥 넣은 게 전부인 무척 심플한 전을 28cm정도 되는 큰 접시에 담아 제공한다. 전이 나옴과 동시에 탄성이 나온다. 그 전이 훌륭해서가 절대 아니다. 일단은 서비스임에도 불구하고 푸짐해 보이는 크기가 좋다. 매콤달콤새큼한 골뱅이 무침을 먹다 보면 매운맛과 출출함을 상쇄시킬 겸 소면을 함께 먹기 마련인데 전이 나오니 소면 생각이 싹 사라진다. 기름지고 바삭한 전에 골뱅이와 파무침을 싸 먹으니 환상의 궁합이다. 맥주 한잔이 절로 들어가고 함께 먹다보면 전이 부족하다. 3천 원짜리 소면 말고 5천 원짜리 부추전을 또 시키게 된다. 기름지고 바삭하고 매콤한 맛은 골뱅이를 다 먹을 때까지 맥주는 반복해서 주문하게 만든다. 골뱅이무침 전문 생맥줏집에 부추전은 생뚱맞기 그지없지만 손님들 모두 전에 골뱅이를 싸먹기 바쁘다. 결국 서비스 부추전이 그 매장에는 또 하나의 시그니처 메뉴인 셈이다.

보통 수제 두부 전문점에 가면 두부를 만들고 남은 비지를 무료로 주곤 한다. 고맙긴 하지만 그게 참 애매하다. 맛있는 비지찌개를 만들 양념을 또 만들어야 하는 것이 참 번거롭기 때문이다. 받아온 비지는 냉동실에 굴러다니다가 벽돌이 되어 버려지기 일수다. 그 집에서 먹었던 맛을 느낄 수만 있다면 더할 나위 없을 텐데 싶다. 기획안을 하나 주자면 비지를 줄 때 전골이나 찌개용 양념장을 일회용 소스 종지에 담아두었다가 서비스로 함께 주는 것이다. 좀 더 여력이 있다면 비지찌개에 들어가는 야채가 무엇인지와 맛있게 끓이는 팁을 간단히 레시피로 정리해서 프린트해서 같이 주면 더 좋다. 자세할 필요도 없이 그저 메모 정도면 충분하다. 그저 맛있게 드신 감동을 집에서도 느껴보세요~ 정도의 애교로 마무리해도 좋다. 맛있게 먹은 두부전골 집에서 정성스럽게 적혀있는 레시피와 양념장과 비지까지 받은 고객은 생각지도 못한 감동을 전달받을 수 있다. 특별한 서비스를 경험시키지 못한다고 할지라도 찾아보면 우리 매장에서도 고객이 매장을 나가는 순간만이라도 다시는 우리매장을 잊지 못하게 만드는 방법 한 가지는 있다. 그 한 가지만이라도 부각하면 된다.

사진은 동영상처럼

SNS가 활성화되고 핸드폰 카메라 성능의 고도화와 맞물려 전 국민이 사진작가가 되었다고 해도 무방한 시대에 살고 있다. 예전에는 메뉴판의 사진을 봐야 주문할 수 있던 것을 블로거가 찍어 올린 실제 메뉴 사진을 찾아보면서 미리 방문할 음식점을 예약하고, 내가 맛있게 먹는 음식이나 매장 전경을 무한으로 찍어 공유할 수 있게 되었다. 사진작가 못지않게 장비를 장착한 실력 있는 블로거 정보도 너무 많다. 일반적으로 매장에는 여전히 메뉴 사진 및 브랜드 이미지를 나타내는 사진을 여기저기 부착하고, 이러한 트렌드와 결을 함께 하기 위해 메뉴 사진을 찍는데 공을 들이는 매장도 많아졌다. 메뉴 사진을 평면구성으로 음식을 쭉 늘어놓고 찍는 기존의 방식보다 스타일링을 통해 메뉴가 가진 특성과

먹는 형태, 만드는 방법들까지도 정교하고 활동적으로 담아내는 음식 전문사진작가들은 꽤 큰 비용을 지불하고 몇 달 전 예약을 해야 겨우 촬영이 가능한 인기를 누린다.

메뉴를 선택해서 매장에 들어가서 제일 먼저 접하게 되는 것은 메뉴판보다도 매장 입구 앞면에 붙어 있는 사진, 입구부터 매장안쪽에 붙어 있는 입맛 돋우는 사진들에 시선이 가기 마련이다. 매장 앞에 서 있는 브로슈어의 사진 역시 시선을 끄는 도구 중 하나이다. 그런데 보기에 어이없기 그지없는 사진들도 꽤 있다. 핸드폰으로 대강 찍어 좌우상하도 바꾸지 않고 옆으로 찍은 그대로 삐딱하게 인쇄되어 있거나 누가 봐도 어딘가에서 쓰던 사진을 그대로 가져다쓰면서 화질조차도 맞추지 않아 뿌연 상태로 빛바랜 사진처럼 인쇄되어 있다. 도대체 이걸 고객이 보라고 찍어서 세워둔 것일까 궁금해진다. 과연 그런 상태의 사진을 보고 고객의 호기심을 자극해서 들어가고 싶다는 마음이 생길 리 없다. 사진은 그저 구색을 갖추기 위해 된장찌개인지 김치찌개인지 구분하려고 찍는 것이 아니다. 사진의 목적은 고객을 유혹하기 위해 찍어서 세워두는 것이며 한 번도 내 매장을 경험한 적 없는 고객이 마주하는 첫인상이다. 누가 그 말도 안 되는 이미지에 있는 음식에 내 아까운 돈과 시간, 소중한 입맛을 저당 잡히고 싶겠는가? 우리가 SNS에서 맛집에 대한 이미지를 확인하면서 검색하는 이유는 실패하고 싶지 않은 심리가 반영된 사전 점검이다. 그 화려한 사진들을 검색하면서 얻어진 이미지에 노출된 소비자가 막상 매장에 방문했을 때 선명한 메뉴사진 하나 없이 사전 점검된 이미지와 다르다면 꽤 당황스러울 수밖에 없다. 최근에는 메뉴 사진 없이 심플하게 메뉴명만 기재되어 있는 메뉴판을 제공하는 식당도 있긴 하지만 이미지를 형상화하는 직원의 설명이 동반하지 않으면 고객은 혼란스럽고 불편하다 느끼기 마련이다. 이 메뉴를 실패하면 어떡하나 SNS에 드러난 메뉴 말고도 다른 메뉴가 궁금한데 불안하다 등 내 선택에 실패하고 싶지 않은 것이 소비자의 기본적인 심리이다. 메뉴에 관한 최대한 친절한 설명이 있어야 소비자는 선택하기 용이하다. 단순히 텍스트보다는 사진이 얼마나 맛있고 매력적인 음식인지 어필하기 쉽다. 보통 메뉴판에 메뉴 사진은 간단히 누끼 컷(배경이나 다른 사이드 메뉴 없이 메뉴 자체만을 집중해서 찍은 사진)만을 메뉴판에 배치한 사진이 주를 이루고 벽걸이용 사진은 만드는 방법, 주요 식재료, 메뉴와 반찬 등을 스타일링해서 이미지로 찍는 방법이 보편적이다. 누끼 컷의 경우 메뉴의 집중도를 높이기는 하지만 평면적이기도 하고 메뉴의 특징을 살리는 것이 쉽지 않다. 특히 탕, 국 등의 한식 메뉴들은 종류별로 특징을 표현하는데 한계가 있다. 메뉴판 크기에 따라 사진 크기가 작을 경우에는 메뉴별로 도대체 이 사진이 어떤 음식인지조차 구분하기 쉽지 않은 경우도 있다. 사진은 메뉴의 매력을 어필하면서 적정한 온도까지 친절히 알려주는 것이 더 효과적이다. 차가운 음식은 차갑게, 뜨거운 음식은 뜨겁게 표현되도록 사진 찍는 조명까지도 그 온도를 잘 표현할 수 있도록 신경 써야 하므로 가능한 음식사진 전문 작가와 작업하는 쪽이 더 결과가 좋다. 냉면의 경우 시원하게 먹는 메뉴이므로 그릇에 차갑게 물방울이 맺혀 있도록 스타일링하고, 면발을 들어 올리는 사진, 육수에 살얼음이 동동 떠있는 설정을 추가해서 시원하게 냉면을 먹고 싶은 충동을 일으키게 만들어야 한다. 반대로 뜨겁게 먹어야 하는 국밥류의 경우 뚝배기 테두리에 보글보글 끓는 국물의 모습과 김이 하얗게 올라오고 수저로 국물과 건더기가 푸짐하게 건져 올라오는 설정을 찍으면 온도와 먹는 방법까지 훨씬 더 효과적으로 표현할 수 있다. 네덜란드 사회행동과학 교수진이 연구한 자료에 따르면 고탄수화물, 고칼로리 음식 사진을 보여주면서 참가자들의 포만감, 식욕 및 섭취량을 같은 요소에서 분석하였는데, 시각적 자극이 강한 음식 사진은 참가자들의 식욕을 높이고 섭취량을 증가시키는 것으로 나타났다. 특히 고탄수화물 및 고칼로리 음식사진은 포만감 감소와 함께 식욕증가를 유도하였다는 결과를 밝혀냈다. 시각적 자극이 인간의 식습관과 선택에 큰 영향을 줄 수 있음을 확인한 것이다.

시각적인 자극을 주기 위해서는 평면보다는 입체적으로 마치 동영상을 보는듯한 느낌을 주어야 한다. 만드는 과정의 이미지를 기획한다면 빵 반죽이 되고 오븐에서 구워지는 모습, 원두를 고르고 로스팅 하는 모습, 고기와 뼈를 잔뜩 넣은 설렁탕이 끓고 있는 솥단지 모습 등을 사진으로 표현해주면서 음식 원재료에 대한 신뢰와 정성을 보여줄 수 있다. 또한 깔끔하지 않더라도 국자에서 국물이 뚝뚝 떨어지는 모습, 피자에서 치즈가 풍성하게 죽 늘어나는 사진, 수제 소제지를 투박하게 잘라서 속살의 탱글함을 보여주는 사진, 햄버거 사이 두툼하게 구워진 패티에서는 넉넉한 기름기와 육즙이 반짝이는 사진, 막 구워낸 빵에는 반질반질 버터가 발라져 있는 사진, 고기는 자글자글 불판에 구워지고 있는 모습, 기름 속에서 황금색으로 튀겨지고 있는 치킨사진이 훨씬 큰 자극을 선사한다. 건강에는 너무 뜨겁거나 맵고 짜고 기름진 음식이 좋지 않지만 메뉴 사진만큼은 더 맵게, 더 기름지게, 더 뜨겁게 더 고칼로리로 표현되어야 뇌가 자극받는다. 쉬는 날 TV를 보다가 짜장면이 나오면 중국집에 전화하고 라면을 먹는 연예인이 나오면 나도 모르게 라면을 끓이는 경험을 해봤을 것이다. 홈쇼핑에서 저녁 식사 시간에 주로 먹거리를 방송하는 이유도 배고픈 저녁 시간대에 역동적으로 맛있게 보이는 음식들에 더 이상 참지 못하고 주문할 수 있도록 유혹하기 위함이다. 맛있는 음식도 고객에게 선택되기 위해서는 사진으로부터 고객의 마음을 사로잡아야 한다. 음식은 사진만으로도 고객을 유혹할 수 있는 매우 중요한 영역 중 하나이다.

메뉴에 정통성을 부여할 것인가?
트렌드를 반영할 것인가?

상담 시 가장 많은 질문은 받는 것 중 하나가 "가장 자신 있게 잘하는 메뉴가 무엇인가?"와 "그 메뉴의 정통성을 얼마나 지녔는가?"이다. 그 질문 뒤에 저는 늘 한결같이 "Mix & Match에 능합니다."라고 대답한다. 이 말이 사기꾼처럼 들릴 수도 있지만 내게는 가장 솔직한 대답을 전달한 것뿐이다. 난 셰프가 아닌 기획자이므로 최고의 맛을 만들어 내는 것 못지않게 이 메뉴가 가진 특성을 잘 이해하고 소비자에게 납득시킬 이유를 찾아내 주는 것이 가장 중요한 임무이고 가장 잘하는 주된 무기이다. 이 무기를 잘 사용하려면 내가 한식 전공, 일식 전공 등등의 소위 정통성에 묶여 있어서는 안 된다. 식재료에 대한 배경지식과 더불어 식재료 준비, 보관부터 메뉴의 조리, 제공에 이르기까지 모든 과정을 통솔해야 하고 유기적인 연결고리를 합리적으로 정립해야 한다. 외식업에 입문하면서 각각의 조리 관련 자격증은 취득은 물론이고 전통 장 명인 선생님께 해당코스를 수료하고, 커피 바리스타. 와인 소믈리에까지 필요한 자격들을 이수했다. 10년 넘는 강의의 전문성을 입증하겠다며 외식 관련 학사, 석사를 이수하고 그 외 바리스타와 케이크 디자인 과정 심사위원까지 거쳐 왔다. 그 과정 안에서 이론과 실무의 균형감각과 더불어 각각의 메뉴별 Mix & Match시각을 넓히는 것이 외식업을 성공적으로 끌고 가기 위한 초석이라는 것을 피부로 느끼게 되었다.

아이템에 대한 정체성을 논하기에 앞서 우리나라 외식 메뉴 중 가장 인기 있는 메뉴 중 하나인 치킨을 예로 생각해 보자. 치킨공화국이라 할 만큼 대한민국의 치킨은 각종 시즈닝과 소스들, 튀기는 방법 등을 달리하며 세계적으로도 정말 다양한 치킨이 있다. 그 중 할라피뇨와 치즈, 멕시칸 소스를 뿌린 치킨은 멕시칸 음식일까? 갈비 소스를 이용한 통닭의 경우 한식 카테고리로 분류할 수 있을까? 이제 대부분의 음식이 정통성에서 자유로운 시기라고 판단한다. 물론 전통성을 추구하는 한식, 일식, 중식, 양식도 있지 않은가? 에는 반문하지 않는다. 그 나름의 이유와 역사적 의미를 가진 음식들 외에 아이템을 정할 때 트렌드를 따라야 하는가? 라는 전제를 두고 있는 논의를 기준으로 할 때 예이다.

매년 외식 트렌드를 반영하는 책들이 연초면 베스트셀러에 오른다. 전년도 흐름과 올해 인기가 있을 트렌드에 대해 여러 자료들을 기준으로 상세히 설명하면서 외식업을 운영하는 분들도 음식에 관심이 많은 소비자들에게도 탄탄한 기초자료로서 역할을 충실히 해준다. 그중 한 끼는 나에게 선물하는 느낌으로 비싸더라고 고급스럽고 맛있는 음식을 위해 기꺼이 음식 값으로 지불하는 가심비에 대한 트렌드가 자주 언급되었다. 고급스러운 한 끼를 위해 나머지 식사는 커피와 간단한 빵 또는 편의점 음식 등으로 가볍게 해결한다거나 더 심하게는 일주일 내내 편의점 도시락 등으로 절약해서 먹고 1~2주일 치의 식비를 모아 고가의 뷔페나 오마카세를 예약해서 만족감을 느끼는 예도 있다.

하나은행 경영연구소가 발간한 보고서 〈2023년 금융 소비 트렌드와 금융기회〉에 올해 전망되는 소비 트렌드로 '스몰럭셔리'를 뽑았다. 보고서는 '소비자 개개인의 기호 가치관에 따라 라이프 전반에 걸쳐서 스몰 럭셔리를 추구하는 소비력을 향상할 것이다. 고가의 사치품 외에도 프리미엄화된 경험에 투자하는 소비 형태라며 오마카세, 파인다이닝 등에 대한 소비자의 지출이 확대되고 명품 브랜드는 펫, 키즈, 리빙 등 분야로 사업진출에 나설 것'이라고 내다봤다. 고물가 저성장시대 점심 가격마저 아끼는 젊은 직장인들 사이 '짠테크'를 하는 경우도 많은데 그와 정반대인 이 현상은 어떤 의미일까? 이는 가치소비라고 설명할 수 있다. 정작 생필품이나 점심식사처럼 매일 이루어지는 반복소비에서는 아끼지만 한 끼 정도는 이벤트성으로 '나에게 선물을 주는' 목적성 소비를 하는 것이다. 평소에 아낀 돈을 모아서 본인이 느낄 수 있는 성취감에 투자하는 것으로 과소비와는 의미가 다르다. 이쯤 되면 외식업을 창업하는 입장에서는 마음이 바빠진다. 만약 입점하려는 상권이 젊은 세대의 유동 인구가 많거나 타겟층이 젊은 세대라면 더욱 트렌드를 따라가야 하는가에 대한 고민이 깊어질 수밖에 없다. 새롭게 오픈하는 경우 대표가 젊다면 가능한 트렌디한 음식을 하고 싶은 욕심이 들 수 있다. 그래서인지 조리 직원들 역시 한식 분야에서는 구인이 특히 힘든 경우가 많다. 상대적으로 올드하게 느껴지는 분위기와 메뉴를 굳이 배우고 싶지 않고 소위 '있어 보이는' 음식을 하고 싶어 하기 때문이다. 안타깝게도 한식이 그 범위에서 제외된다. 메뉴의 가격부터 비교하자면 파스타 한 접시에 1만 원이 훌쩍 넘어도 일반적이지만 한식 백반 한 상은 반찬을 여러 가지 주는 집도 1만 원이 넘는 집을 찾기 힘들다. 그만큼 한식은 이미지가 저평가된 분야이기도 하다.

요즘 초중고 여학생들에게 인기가 많은 음식 중 하나는 마라탕이다. 맵고 자극적인 국물맛과 푸짐한 야채, 골라 먹을 수 있는 다양한 재료들이 어울려서 엽기떡볶이를 잇는 중독성 있는 매운맛으로 인기몰이 중이다. 그럼 주변을 살펴보자. 마라탕 음식점이 많이 보이는가? 그토록 인기가 있으면 떡볶이집이 눈에 띄는 정도만큼은 있어야 하지 않겠는가? 이 현상을 들여다보면 외식업에서그저 단품으로써 마라탕이 트렌드라고 보기보다는 독특한 맛, 새로운 조합과 다양한 식문화에 관심을 보이는 MZ소비 문화의 한 축으로 해석해야 할 것이다. 앞서 들었던 예시들은 아이템의 정체성을 정하는 데 참고로 알아두어야 하는 흐름일 뿐이다. 어떤 것을 따르든 기본은 내가 하려는 음식에 대한 기본기를 충실히 갖추었는가에 대한 것이다. 치킨집을 하려면 최소한 닭의 부위별 특징, 튀김옷의 성분, 기름의 특성, 튀김 온도별 완성품의 차이점, 식은 후 눅눅해질 때까지의 시간, 포장 용기의 장단점, 사이드 메뉴와의 어울림 등 기초적인 데이터가 명확히 구조화되고 습득되어 있어야 한다. 그 이후 어떤 흐름으로 내가 올라탈 것인가를 정하고 실행해야 한다. 전통을 고수하던 트렌드를 고수하든 결국 내가 가진 기본기 안에서 움직일 수 있을 때 가능하다. 그 이후에야 비로소 믹스매치도 가능해진다. 내가 가진 기본기는 탄탄한지 트렌트를 따라갈 수 있을 만큼 능한지 스스로 냉정하게 점검해보자. 내 안의 정체성의 기준을 찾을 수만 있다면 그 어떤 방법을 선택해도 상관없다. 방법은 그저 방법일 뿐 실행의 주체는 결국 '나'이기 때문이다.

제2장
성공할 수밖에 없는 대표 DNA를 장착해볼까?

잘 모를 땐 복사부터

    처음 요리 강의를 시작할 때를 떠올려 보면 그저 내가 만든 음식을 누군가 맛있게 먹는걸 보는 게 너무 좋아서 시작한 일이라 기준점부터 잡겠다고 시작한 공부들이 어느 것 하나 쉽게 넘어간 것이 없었다. 음식 좀 한다고 자부했던 자만이 여지없이 깨지는 순간들의 연속이었다. 한식 자격증 시험은 무려 2번이나 떨어졌다. 처음 떨어졌을 때는 어찌나 자존심이 상하는지 도대체 내가 왜 떨어진 건지 이해가 안 간다고 이를 박박 갈고 다시 도전한 2번째 시험문제는 동태찌개였는데 손질하다 미끄러져서 개수대 구멍에 생선 대가리가 푹 박혔다. 그 순간 감독관이 바로 보았고 그 자리에서 위생 점수 0점으로 탈락되었다. 사실 그때 다 그만둘까 싶었다. 누가 머라는 것도 아닌데 그 기초적인 것조차 내가 시험에서 떨어졌다는 게 인정하고 싶지 않았다. 당연히 나 정도 요리 실력을 가진 사람은 그냥 무난히 합격할 거라 착각했다. 무엇이 문제인지 찾아내야 했다. 조리도구들, 식재료 다루는 법, 조리 순서, 완성품 다 완벽했다. 왜지? 뭐가 문제인 거야? 고민하다 내가 하는 과정을 촬영해 봤다. 돌려보고 나니 그에서야 문제점이 명확히 드러났다. 자격증은 셰프를 뽑는 시험이 아니다. 일정 기준에 해당하는 작업을 얼마큼 똑같이 수행해 내느냐가 평가 기준이다. 맛도 더 잘 낼 필요도 없다. 원하는 기준의 맛을 맞추는 게 관건이다. 기교도 필요 없고 정확히 지시된 사항을 목표로 수행하면 된다. 그런데 내가 하는 걸 보니 가관이었다. 칼질도 제멋대로 조리 순서도 맞지 않았다. 아는 메뉴이다 보니 제가 잘한다는 걸 뽐내려는 그 겉넘음 그 이상도 그 이하도 아니었다. 얼굴이 화끈거렸다. 내가 아무리 요리에 소질이 있다고 한들 자격증 기준점 하나를 못 잡고 있다는 것이 너무 창피했다. 다시 마음을 붙잡고 자격증 책에 나온 그대로를 연습하기 시작했다. 순서, 사이즈, 시간, 식재료 다듬기, 위생 등등 내가 아는 그 얕은 지식을 배제하고 어느 메뉴가 시험에 나와도 책처럼 똑같은 결과를 만들 수 있도록 반복해서 연습했다. 결국 3번째 시험에서 합격했다. 그 후부터는 무척 순탄하게 그 외 자격증들을 취득하면서 여러 선생님의 다양한 수업도 들으면서 하나씩 채우는 속도가 그제야 빨라졌다. 내 것을 비우는 것이 우선임을 깨달은 계기가 되었다.

누구에게나 처음은 있다. 그 처음이 다 같은 처음이 아닐지라도 배우려는 시작은 늘 같아야 한다. 내가 모른다는 전제하에 시작해야 가장 쉽고 빠르다. 나의 것으로 채화시킨 후 변형을 하는 과정은 차고 넘칠 때가 되어야 가능하다. 섣부른 자신감이 정작 배워야 할 것을 놓치게 만든다. 창업을 하려는 대표님들 중 조리병 출신이거나 외식 관련 학과를 나왔거나 조리 실장까지 경험이 있으신 분들은 대부분 자신감이 넘친다. 기본기가 있기 때문에 그런 반응은 당연할 수 있다. 특히 주방에 근무한 기간이 길수록 본인이 쌓아온 경험이 있기 때문에 실력도 꽤 있으신 분들조차도 그 함정에 빠지는 분들도 많다. 무슨 일이든 처음 시작하면 의욕도 넘칠 뿐 더러 내가 가진 경험을 살려 시너지를 내고자 하는 욕심이 앞선다.

만약 삼겹살 매장을 하고 싶다고 결정했으면 전국의 소문난 삼겹살 맛집을 검색하기 시작할 것이다. 무조건 맛집만 검색할 것이 아니라 주변부터 둘러보자. 분명 내 집 주변에도 동네 사람들에게 꾸준히 사랑받고 있는 고깃집 하나쯤은 있기 마련이다. 회사 근처에는 회식 장소로 유명하거나 점심 찌개 메뉴로 유명한 고깃집도 하나씩은 있다. 일단은 자주 갔던 매장들을 눈여겨보는 것이 우선이다. 그간은 그냥 별생각 없이 방문했던 곳이 이제 벤치마킹의 대상으로 두고 보면 달리 보인다. 무작정 맛집 가서 줄을 서는 것보다 익숙하게 경험했던 곳들부터 눈여겨보면 미처 보지 못했던 부분들을 발견하게 된다. 아무리 밋밋한 식당일지라도 잘되는 데는 분명한 이유가 있기 때문이다. 그 매장을 왜 찾아가는지 가족이나 주변 동료들은 왜 갔었는지 그 평가가 어땠는지부터 차근히 체크해본다. 메인부터 시작해서 반찬은 어떤 구성인지 일정기한을 두고 바뀌는지 제공될 때 동선은 어떠한지 메인메뉴와 반찬을 포함한 전체 상차림은 어울리는지 식자재 호환성은 효율적인지 몇 번의 텀을 두고 재방문을 거듭하면 서서히 안개가 걷히듯 새롭게 보이는 것들이 있다. 그 매장 사장이라고 생각하고 미니 사업계획서를 한번 써보는 것도 도움이 된다. 그로 인해 내가 하려는 브랜드, 메뉴에 대한 감을 잡는데 비교 대상으로 잡을 수도 있다. 삼겹살이라는 아이템을 선정한 건 나에게 적합한 아이템일까? 우선 삼겹살로 좁히기 전 고기라는 카테고리부터 좁혀 나가야 한다. 돼지고기를 취급하는 다양한 매장을 우선 선정한 후 그 안에서 내가 보고자 하는 것들이 무엇인지 나열을 시작한다. 막연하다면 다음 표를 참고해서 만들어보자.

매장 이름	위치	메뉴명	반찬 종류	불판 /서브	특이점
A	**동	항정살 삼겹살	참나물무침 양파간장	사각철판 /생고기	반찬종류 가 다양
B	**동	목살 두루치기	파절이 김치	돌판 /구워제공	파김치 구워제공
C	**동	삼겹살 뒷덜미살	겨자장 갓김치	원형망 /생고기	고기별 구분제공

위의 표처럼 최소한의 간단한 양식을 만들어서 방문 후 체크할 사항을 미리 준비하고 가서 사진을 찍고 정리해 본다. 물론 더 체크해야 할

항목들은 추가한다.

그 외 방문할 벤치마킹 리스트가 정리하고 위치별 동선을 짜고 일정을 정리한 후 방문을 시작한다. 방문 시 절대 지켜야 할 원칙이 하나 있는데 장점 위주로 작성하라는 것이다. 잘못된 부분은 나중에 체크해도 늦지 않다. 벤치마킹하기로 마음을 먹고 평가의 눈으로 매장을 보기 시작하면 제일 먼저 단점이 눈에 들어오기 마련이다. 단점이 눈에 들어오면 괜한 자신감이 붙기 시작한다.

"어라? 이 정도는 나도 할 수 있겠는데? 직원 교육은 왜 저래? 사장이 너무 게으른데? 청소는 왜 이래?" 등등 불만을 표시하면서 정작 봐야 할 것들을 놓친다. 어차피 내가 취할 것은 장점이지 단점이 아니다. 표를 작성해야 이유도 그 때문이다. 지극히 사실적인 장점을 취하려는 것이다. 이미 대박집을 찾아갔다면 내가 모르는 고객이 찾는 이유가 분명히 존재한다. 내 눈에 마땅치 않을 뿐 그 시각은 그저 내 시각일 뿐이라는 것을 잊지 말아야 한다. 이런 도표를 음식을 중점으로 하나 만들고 서비스 중심으로 만들어 본다. 인테리어나 그 외 기준으로 내 매장에 접목할 사항들을 분리해서 만들면 벤치마킹 후 비교하고 내가 체화시킬 것을 분리해 낼 수 있다. 내 매장에 적용하지 못하는 형식적인 벤치마킹은 의미가 없다. 꾸준한 관찰과 더불어 현장을 바로 보려는 감각을 살려 검증의 도구로써 활용할 줄 알아야 한다. 벤치마킹 후 가장 중점적으로 검토해야 할 사항은 메뉴 구성 시 원가분석이나 이익분석에 앞서 소비자 관점을 놓치지 않는 것이다. 내가 고객이라면 과연 내 메뉴를 선택할 것인가? 어떤 기준으로 선택할 것인가? 양식을 만들기 힘들다면 수첩 하나를 벤치마킹용으로 만들어서 적어도 무방하고 SNS 계정을 따로 만들어도 좋다. 처음부터 공개 계정은 부담스러울 수 있으므로 비공개 계정으로 나만의 비밀 노트정도로 사용해 보는 것이다. 블로그, 밴드, 인스타그램, 페이스북 그 어떤 것이든 상관없다. 나에게 맞는 도구이면 그만이다. 기록하고 정리하면서 내가 필요한 인사이트를 얻기 위함이 목적이다. 정리를 하다 보면 비로소 내가 얻고 버릴 것이 무엇인지 바로 적용할 수 있는 것과 시간이 필요하며 준비해야 할 항목이 많고 협업해야 할 것들까지 자연스레 정리되는 것을 확인할 수 있다. 표에 있는 항목은 본인이 필요한 부분으로 얼마든지 변경할 수 도 있고 더 늘려도 좋다. 글로 써도 좋고 사진을 찍어 넣고 사진 밑에 설명을 적어두면 된다. 수첩을 만든 경우에는 찍은 사진을 출력해서 메모 아래 부착하면 더욱 좋다. 단, 수단이 목적을 대신해서는 안 된다. 자료조사와 정리에 투자하는 시간은 최소한으로 잡아 하루 30분 정도를 넘지 않아야 매번 실행하기 가능하고 매일 나에게 공부하는 시간도 빼두고 시작해야 한다. 실제로 우리가 의미 없이 보내는 시간이 꽤 많다. 잠자고 깨는 시간에 뒤적거리는 SNS 보기, 이것저것 눌러보고 쇼핑하기, 알고리즘을 타고 흘려보내는 시간 중 딱 30분 정도는 내 업에 관한 공부시간으로 뺄 수 있지 않은가? 꼭 벤치마킹을 가지 않더라도 온라인상의 알고리즘 형태를 바꿔두는 것도 도움이 된다. 외식업관련 리뉴얼, 매출 관리, 메뉴 관리 등의 자료만 뜨도록 세팅한다. 그 안에서 얻고 싶은 자료는 그 즉시 메모장에 담거나 링크를 저장해두면 버려지는 시간조차 내 업에 관련된 인사이트를 얻는 쪽으로 집중할 수 있다.

벤치마킹 이후 작성한 자료들의 토대로 내가 취할 수 있는 부분을 추려 작게나마 사업계획서를 작성해보는 것도 추천한다. 어디서 누구한테 어떤 것을 팔 것인지 부터 내가 하고자 하는 아이템을 가장 비슷하게 하고 있는 브랜드를 정해서 그대로 차용해 보는 것이다. 복사하란 것은 그대로 베끼라는 것이 아니다. 사업계획서 단계에서 비로소 내가 할 수 있는 역량을 비교해가면서 잘 모르는 부분은 최대한 장점을 차용하라는 것이다. 이미 성공한 브랜드가 가지고 있는 자원을 복사하는 것은 시간이나 비용을 절약하면서 안정적인 성과를 추구하는 데 매우 효과적이다. 간단하게나마 실행할 수 있는 리스트를 먼저 작성하고 하나씩 체크하면서 적용하며 수정하는 것이 안정적인 복사 방법이다.

협업을 두려워하지 말아야 하는 이유

"며느리도 몰러~"

떡볶이 소스 비법을 며느리도 모른다고 할 정도로 그 누구도 가르쳐 주지 않고, 진정성 있게 음식을 만든다는 의미로 광고 이후 한참을 사람들의 입에 오르내리며 유행하던 말이기도 하다.

대표가 메뉴를 개발하고 판매, 경영도 동시에 진행하는 형태의 내 가게일 때 가능한 구조에 대한 간결한 설명인 셈이다. 이러한 형태는 독자적인 운영에 의존하는 경우이며 가장 전통적이고 일반적인 외식업의 형태이다. '사장=주방장'의 공식으로 현재까지 대를 이어 영업 중인 노포들도 이 형태에 속한다. 메뉴 개발, 조리, 운영에 이르기까지 모두 한 곳에서 이루어지는 것이 일반적이며 시장 상황에 따른 의사결정이 빠르게 전환될 수 있는 장점을 가지며 오랜 시간 그 전통성을 일관되게 이어 나간다면 노포로 자리 잡는다. 창업 시 대부분 고려하는 형태이기는 하지만 효율적인 부분에서도 분업하는 편이 성과적인 측면에서 더 좋을 수 있다.

앞서 언급한 대로 메뉴개발과 기획이 함께 진행되어야 브랜드 방향성에 맞는 메뉴가 출시될 가능성이 높다. 필요에 따라 메뉴 기획, 브랜드 기획, 인테리어 기획 등 각 분야의 전문기획자에게 맡겨보는 것도 고려해 봐야 한다. 보통 개인 사업자의 인테리어 콘셉트는 경영자가 여기저기 벤치마킹 후 하고자 하는 콘셉트에 예산에 편성한 후 인테리어 업체와 상의해서 설계한다. 방향성이 명확하고 그 외 라인업이 잘 맞으면 금상첨화지만 그렇지 않은 경우 메뉴와 인테리어 콘셉트가 따로 노는 경우도 많다.

콘셉트를 잘 잡아 유명해진 프랜차이즈 국수 브랜드의 경우 국수 생산업체가 전신으로 브랜드 인테리어 콘셉트에도 꽤 큰 에너지를 쏟았음을 매장 방문을 해보면 확인할 수 있다. 브랜드 콘셉트에 맞게 인테리어, 브랜드스토리, 테이블 형태와 배치 등의 어우러짐이 좋다. 고객에게 이미지 전달력도 좋고 메뉴 탄생 배경부터 브랜드 특징 등 어필도 적절하다. 테이블 페이퍼에 광고 문구며 메뉴판 구성 등등 각각의 전문가가 유기적인 연결고리를 잘 살려서 단순히 매장이 예쁘다가 아닌 콘셉트 전문가와의 협업을 통해 곳곳에서 브랜드 가치를 올리기 위한 흔적들이 제 역할을 충실히 하고 있다.

협업이라 하면 좀 부담스러운 부분이 의사결정이다. 단순히 각 전문가와 함께 업무분장을 하는 것과는 별개로 함께 방향성을 모색하고 협업하려는 목표가 함께 설득되어야 성과를 낼 수 있다. 그 설득 과정이 너무 오래 걸리거나 아예 벽이라 생각되는 고집을 지닌 대표라면 그냥 힘들어도 혼자 하는 편이 낫다. 책사로서 역할을 해줄 수 있고 내가 가진 부족한 부분을 좀 더 나은 방향을 위해 논의하는 데 있어 걸림돌이 되는 부분은 모두 제외하고 성과를 내는 것에 집중하는 조력자와 함께 해야 한다.

매장에서 조리하고 응대하고 장보고 하다 보면 의외로 시간이 없다. 하나부터 열까지 챙겨야 할 거리가 매일 샘솟는다. 거기에 직원 관리까지 더해지면 멀티로 움직인다 해도 피로도가 높아지면서 놓치는 사항이 많아지고 누가 나 대신 좀 알아서 해줬으면 하는 바람이 간절해진다. 이런 상황에서 걱정만 하면서 혼자서 이런저런 기술적인 공부를 시작해서 마케팅과 SNS에 올릴 자료를 만드는 것보다는 외주업체와 협업해서 시간과 비용을 줄이고 효과를 높이는 것이 낫다. 대신 대표는 그 마케팅 포인트를 무엇으로 잡을 것인지 고객이 원하거나 우리 매장에서 얻어가는 인사이트의 중심이 무엇인지를 파악해서 외주업체와 조율하기 위한 밑 자료를 만드는 것에 집중하는 것이 효과적이다. 디자인이 필요하다고 디자인 직원을 뽑기보다는 단적으로 성과가 좋은 외주 디자이너에게 의뢰해서 고객에게 명확히 제시하려는 우리 브랜드, 매장의 가치를 짚어주는 것이 협업을 하는 이유이다. 기술적인 부분은 기술자에게 맡기는 것이 현명하다. 업체에 맡긴다고 해서 기준점 없이 무조건 "잘 되게 해주세요."라고 부탁하면 외주 입장에서는 그들의 입장에서 평균값은 제시할 수 있겠지만 내 브랜드에 관한 사항을 나만큼 알 수는 없는 노릇이다. 어느 성공한 사업가가 강연에 나와서 '삼성전자 반도체도 고졸이 만든다.'라고 했다. 고도화로 단련된 집단과의 협업이 큰 성과를 만든다는 뜻이다. 만약 지금 경영상 지출이 쉽지 않는 상황이라면 전문집단이 아닐지라도 데이터 정리에 능한 가족이나 친구에게 꾸준히 벤치마킹 갈 곳과 다녀온 자료만이라도 정리해 줄 수 있도록 일정 비용을 지불하고라도 부탁한다거나 점장과 월별 메뉴 판매량을 정리하고 함께 고민해 볼 수 있는 미팅 자리를 별도로 만들어 실행한다면 그 또한 훌륭하고 든든한 조력자를 만드는 방법들이다.

메뉴 맛을 보고 달다, 짜다거나 경쟁 가게는 이런 메뉴를 판다던데 너희는 언제 바꿀거냐, 직원 서비스를 이런저런 방식으로 개선하면 좋을 것 같다고 얘기해주는 사람은 많지만 이들은 조언자이다. 이를 혼동하면 안 된다. 조언자는 말의 책임을 질 필요가 없다. 개인적인 견해를 그저 던져주는 것임으로 그 부분을 적용할지 말지는 내가 결정하면 그만이다. 하지만 조력자는 나와 내 브랜드와 함께 방향성을 고민하고 성과를 낼 수 있는 일들을 기획, 실현하는 책임감을 함께 감수하는 사람이다. 직원 중에서도 나처럼 생각하려고 노력하고 함께 성장하는데 목표를 둔 사람이 있을 수 있다. 그들에게 조력자로서 손을 내미는 것은 동반성장 할 수 있는 동기부여 차원에서도 서로 도움이 될 수 있다. 내 생각을 깨거나 확인받거나 모두 혼자보다는 적극적으로 작은 조력자들부터 채워 더 많은 성과를 내는 것에 집중해야 한다.

'나' 공부를 먼저

요즘 유행하는 MBTI 검사를 한 번쯤은 다 해봤을 것이다. 그 검사를 통해서 내가 어떤 사람인지 장단점을 파악하고 그에 따른 행동양식의 이유를 깨닫기도 한다. 16가지의 행동 양식만으로 사람의 성향을 나눈다는 것이 무리이기는 하지만 최소한의 검사만으로 본인뿐 아니라 타인까지도 상황별 대처방안에 대한 예시로 활용할 수 있는 방법 정도로 인지하는 편이 좋다. 요즘 방송에서 자주 등장하는 유명한 심리학자는 MBTI검사가 본인이 하면 실효성이 떨어진다고 말한다. 사람은 스스로 괜찮은 사람이 되고 싶은 욕구를 가지고 있기 때문에 검사 문항을 보면서 부정적인 결과로 반영될 만한 부분은 다소 피해 가기 때문에 본인이 속한 직장동료, 친구, 가족 등 주변에서 검사해 주는 것이 내가 어떻게 보여지는지 잘 알 수 있다고 했다. 그 이야기를 듣고 나 역시 내가 검사한 것과 주변 30년지기 모임 선후배들이 검사해 준 결과를 비교 해보니 완전히 다르게 나왔다. 남이 검사해 준 부분이 보이는 나의 모습이므로 장단점 파악이 더 용이했고 내가 모르던 나의 모습을 좀 더 자세히 볼 수 있는 계기가 되었다.

외식업은 사람 상대하는 것이 모든 것이라고 해도 과언이 아니다. 매일 직원들과의 대면을 시작으로 수많은 고객이 스쳐 가면서 수없이 많은 상처를 감내해야 하는 일도 비일비재하다. 내 경험상 매장 근무할 때를 돌이켜보면 다양한 고객의 니즈를 고객 입장에서 진심으로 맞춰보려 해도 맘처럼 되지 않거나 내 식구라고 생각하는 직원들끼리의 감정 싸움을 중재하는 것이 사무실에서 업무를 보는 것보다 더 어려운 일이었다. 만약 대표 스스로 내성적인 성향이 강하거나 남의 얘기를 듣는 것 자체가 스트레스라면 매장 근무 자체가 공포일 수 있다.

서촌에 다양한 매장을 운영하는 양식 셰프님이 좀 독특한 매장 운영법에 대한 사례를 들려주셨다. 언론에도 많이 노출되고 양식으로는 실력이 있는 셰프이다 보니 그 밑에서 배우고 싶어 하는 직원들이 꽤 많다고 한다. 그래서 동기부여도 되고 본인 매장의 효율적인 확장을 위해 각 매장 콘셉트별로 책임 셰프를 각자의 성향별로 나눠 배치 운영했다. 활발하고 고객 접객에 능한 직원의 경우 바 형태가 작아도 고객과의 접점이 많은 곳에 배치하여 단골과의 라포르 형성을 적극적으로 도모하고, 좀 내성적이지만 주방에서만큼은 손이 빠르고 정확도가 높은 직원은 주방에서 메뉴를 제공하면 고객이 바로 가져가는 self service매장에 배치해서 고객 접점을 줄이면서도 회전율을 높이는 데 집중했다. 성향에 따른 직원 배치로 고객 만족도는 올라갔고 직원의 근무 만족도 역시 높아짐으로 인해 장기 근속자가 늘어났다. 앞으로 오너 셰프로서 동기부여로써 성과도 달성된 셈이다. 직원들 성향대로 매장을 오픈해야한다는 말이 아니라 오너 셰프의 성향이 잘 드러난 예이다. 직원들을 믿고 성향에 따른 배치가 직원 모두에게 설득되었다는 증거이고 그런 과정 안에는 오너와 직원들 사이에 무척 단단한 신뢰가 쌓여있었을 것이다. 다양한 성격의 인재들이 모여 있는 곳에서 오너가 수많은 시행착오를 거쳐 본인이 잘하는 분야만 집중해도 될 수 있는 환경을 만들었다는 것이다. 스스로를 잘 파악했기 때문에 가능한 일이었다.

반대의 예를 하나 더 들자면 키즈카페 창업을 원하는 부부 대표와 메뉴 기획 상담을 했다. 남편은 부모님 업을 물려받아 족발집을 운영하고 계시다가 정리해서 아내가 원하는 키즈카페를 운영하려고 했다. 그런데 처음부터 난관에 부딪혔다. 키즈카페 매장까지 임대가 끝난 상황인데 메뉴에 대한 기획은커녕 운영 방향성에 대한 합의가 이루어지지 않았다. 스스로 먼저 느껴야 하므로 지역 상권의 특색을 생각해서 그 상권과 비슷한 곳들을 추천하고 나와의 벤치마킹 전에 먼저 두 분만 벤치마킹을 다녀오라는 숙제를 내드렸다. 판매하는 메뉴, 맛, 가격 등의 평균치에 대한 요소들을 소비자 입장으로 경험하게 함이 목적이었다. 그런데 남편은 "왜 키즈카페에서 떡볶이를 15,000원씩 받는 거냐? 그건 거의 사기 아니냐? 시장에서는 한 접시에 3천 원이니 나도 그 정도를 받겠다"고 고집을 피우셨다. 원가분석도 해드리고 키즈카페의 특성을 고려해서 세트도 구성해서 설명해 드리고 해도 도무지 고집을 꺾지 않았다. 간단한 예로 집 앞에서 어묵 한 꼬지는 천 원이지만 관광지에서는 3천 원씩 받는 것은 공간에 따른 가격설정이 다르다고 설명해도 이해하려 하지 않았다.

게다가 족발을 팔겠다고 하며 키즈카페이니 모유 수유하는 엄마들에게는 족발이 좋다는 게 근거였다. 과연 모유 수유에 도움이 되기 위해 키즈카페에 와서 족발을 주문하는 고객이 몇이나 존재할까? 이런저런 우여곡절 끝에 아내의 헌신적인 설득에 힘입어 메뉴를 기획 개발하고 가오픈을 맞이했다. 홀은 아내가 맡고 주방은 남편이 담당하였는데 방문한 고객들을 보면서 남편이 "어디 여자들이 말이야! 남편이 뼈 빠지게 고생하면서 일하는 시간에 와서 비싼 거나 시켜 먹고 노닥거리고 앉아있는지 모르겠구먼!" 홀까지 새어나온 남편의 말에 나도 너무 당황스럽고 아내도 얼굴이 벌게져서는 손님들 듣는다며 한참을 또 싸우셨다. 사실 이런 상황이면 키즈카페를 하시지 말고 그냥 족발집을 계속했어야 한다. 너무나 보수적인 세계관을 가지신 남편 입장에서 살갑고 다정한 응대가 필수인 키즈카페에서 근무하는 자체가 본인에게도 너무 스트레스일 것이다.

커피를 싫어해서 못 마시는데 카페를 하시겠다는 분, 고깃집을 오픈 예정인데 술 먹는 모습이 싫어 안 팔겠다는 분 등등 정말 다양한 상담 사례들이 많지만, 그냥 남들이 하니까 나도 할 수 있을 거라 생각하는 것이 오산이다. 커피를 안 마시는 사람이 고객에게 풍미 좋은 커피를 제공할 수는 없고, 고깃집에서 술을 팔지 않으면 고기에 술 한 잔 하려는 고객은 오지 말라는 얘기다. 그 남편처럼 애초에 적응 불가한 업종이 있는데 그것 또한 나를 모르는 데서 비롯한 것이다.

스스로를 돌아봤을 때 고객 대면이 너무 스트레스라면 굳이 계산대 앞에 서서 얼굴을 구기고 서 있을 일이 아니다. 계산대는 고객에게 처음과 마지막 이미지를 심어주는 매우 중요한 포지션인데 내성적이라고 고개를 푹 숙이고 고객과 눈 맞춤을 하지 않는 모습이 고객에게는 의욕이 없고 불친절하다는 이미지로 자리매김 할 수 있다. 내가 잘하는 업무와 못하는 업무를 구분해 보고 왜 그런지를 하나씩 이유를 적어 보면서 확인해 볼 필요가 있다. 하기싫은 것인지 못하는 것인지, 일이라고 하면 감수할 수 있는 범위는 어디까지인지, 지금은 부족하지만 노력하고 연습하면 가능한 부분인지를 확인하는 과정이 필요한 것이다. 스스로 충분히 고민하고 매장에서는 나의 장점을 어떤 포지션으로 어떻게 녹여낼 수 있을 것이지 부족한 사항은 누구에게 위임시킬 것인지 간단하게라도 업무분장을 만들어서 직원들과 소통하고 적용한다면 업무 효율이 오르는 것은 당연한 일이다. 보스는 팀원은 이용하지만, 리더는 팀원에게 관심을 가지고 동반성장을 한다. 대표는 팀 리더로서 최소한의 '나' 공부가 되어있어야 내 매장, 내 직원과 함께 움직이는 것이 의미가 있다. 우리가 공부하는 이유는 하나다. 어제의 나보다는 더 괜찮은 내가 되어 조금이라도 성장한 나를 만나기 위함이다. 그래서 여러 교육과 강의도 듣고 책도 보면서 어느 순간 변화되어 있을 나와 주변의 상황들을 기대면서 행복한 삶을 꿈꾼다. 그렇다면 최소한 '나' 정도는 먼저 공부할 수 있지 않은가? 내가 어떤 사람인지, 내가 원하는 삶을 여기서 찾을 방법은 무엇인지, 무엇을 위해 이렇게 열심히 살고 있는 것인지를 꼼꼼히 공부해 보자. 매일 매일이 반복되는 일상에서 최소한 내가 흥미롭고 가슴 뛰는 일이 무엇인지 찾아서 실행하면서 성과를 내고 있다면 얼마나 행복하겠는가? 생계를 목표로 시작한 일일지라도 그 안에서 의미를 찾는 것이 매출 10만 원을 올리기 위한 전략보다 우선적인 준비 사항이다.

디테일의 실행

　레트로가 큰 유행을 하면서 이미 성공한 브랜드를 카피한 me too 브랜드들도 넘쳐난다. 직업병이라 음식을 먹으러 들어가면 외관 파사드부터 내부 간판, 테이블 모양, 서비스되는 순서, 직원 접객 태도가 한눈에 들어온다. 전국에 모든 매장을 다 안다면 사기지만 최소한의 기준점을 가지고 가능한 한 세심하게 보려고 노력한다. 나에게도 훌륭한 레퍼런스가 되는 경험이기 때문이다. 누가 봐도 어떤 브랜드를 그대로 베낀것이 여실히 드러나는 브랜드들이 있다. 다른 산업군에서도 흔한 일이기는 하지만 외식업은 일일이 공증하지 못하는 지식재산권에 속하는 부분이 많다보니 딱히 막을 방법도 없다. 정말 똑같이 베껴서 승승장구까지 해서 원 브랜드까지 피해를 입히고 법정 공방까지 번져 언론에 대서 특필된 사례들도 있다. 그 사실 자체는 범죄이기도 하지만 그 디테일까지 몽땅 베껴오는 그 인내심과 노력이 놀랍기는 하다. me too 브랜드 중 정체성 없이 인테리어나 메뉴 정도만 적당히 차용한 브랜드는 방문과 동시에 말 그대로 어설픈 모습들이 드러난다. 최근 유행하는 선술집 콘셉트 브랜드 중 인테리어부터 시작해서 메뉴, 직원 유니폼, 접객 서비스 하나까지 감탄을 자아내는 브랜드들은 역시나 술집임에도 불구하고 줄을 세운다. 몇 시간씩 서서 술집을 들어가겠다고 줄을 서 있는 모습이 장관이다. 그만큼의 가치가 고객에게는 인지되었다는 뜻이다. 그 브랜드들 역시 어디선가는 벤치마킹했을 것이고 나름의 해석을 거쳐 작은 부분 하나까지 놓치지 않고 탄생한 디테일의 실행 결과라 하겠다. 세계적인 경제리더인 잭 웰치, 피터 드러커, 저우언라이 등도 자신들의 저서에서 디테일에 중요성을 주목한다. 지금 자신이 하는 일부터 세심하게 처리하는 것이 성공으로 가는 가장 빠르고 효과적인 길임을 본인들의 실천을 통해 증명하며 주장했다. 디테일이 강한 조직은 어느 어려움이든 이겨내는 힘을 가지고 있다고 말한다.

강서구에 오픈한지 얼마 되지는 않았으나 기록적인 매출을 자랑하는 고기구이 전문점은 들어가는 순간부터 입이 떡 벌어진다. 꽤 오랜 시간을 대기했음에도 불구하고 어느 시골 장터 저잣거리를 그대로 옮겨 놓은 듯한 인테리어에 3곳으로 분리된 오픈 주방에서는 고기를 썰고 있고 그 뒤편에는 신선하고 큼직한 고깃덩어리들이 깨끗한 유리문 냉장고에 진열되어 있다. 맞은편 주방에서는 주문과 동시에 푸짐한 냉이 된장 찌개가 단지 모양의 뚝배기에 바글거리며 끓여져 제공된다. 각 테이블 위에 골고루 차려지는 각종 밑반찬과 소스류도 뭐 하나 처지는 것 없이 깔끔했다. 플라스틱 의자 위에 방석을 묶어놓은 설정이며, 서브 되는 고기 방식, 메뉴판 등등 디테일을 하나도 놓지 않으려는 기획력이 여실히 묻어났다. 그 브랜드는 이미 크게 성공한 이력이 있는 프랜차이즈 회사와 유명기획자가 손잡고 야심차게 몇 년간의 기획 단계를 거쳐서 꽤 큰 비용을 투자해서 탄생한 매장이다. 이 매장을 보면 왜 고깃집에 그 추운 날 줄을 한 시간 반씩 서서 먹는지 알 수 있다. 고기가 미칠 만큼 최상이라고 할 수는 없으나, 상급의 음식 맛은 기본으로 갖추고 있고 가격도 평균치다. 곳곳의 인테리어, 메뉴, 서비스 물 흐르듯 겉도는 것 없이 그대로 스며들어 기억에 박히며 강한 임팩트를 준다. 이렇듯 기획 단계에서부터 힘을 줘서 승승장구하고 있는 브랜드들은 하나같이 그 정도면 되겠지 싶은 부분까지 건드려 주는 디테일의 힘이 있다.

반면에 신사동에 얼마 전 한 방송인이 오픈한 것으로 알려진 매장은 전체적인 분위기와는 어울리지도 않는 옛날 신문지 몇 장, 빛바랜 잡지 사진, 공중전화기 등 레트로를 표방한 맥락 없는 소품들 몇 개를 가져다 두고, 유명인이 오픈한 탓에 꽤 많은 사인이 즐비하게 붙어 있고 그 대표는 손님들을 보살피기는커녕 지인들 챙기고 사진을 찍느라 여념이 없었다. 매장 앞에 쌓아둔 연탄도 진열용인지 저걸 사용한다는 건지 자리만 차지하고 있었다. 기름이 잔뜩 붙어 근막도 제거되지 않는 냉동고기는 해동도 제대로 되지 않는 상태에 달디 단 양념만 부어 와서 구우면서 다 타고 속은 익지도 않고 누린내가 진동했다. 혹시나 해서 주문한 순두부찌개는 맹물에 라면스프를 풀어 나온 듯한 맛과 비주얼을 보여줬다. 싸지도 않은 가격에 버벅대는 키오스크로 주문하는 내내 '내가 왜 여기에 있지?'라는 생각에 화가 나기까지 했다. 환기구도 고장 났는지 제대로 작동되지 않아 매캐한 연탄 냄새와 고기 굽는 뿌연 연기로 숨쉬기조차 힘들었으나 어떤 조치도 이루어지지 않고 고장 났으니 양해 바란다는 직원의 대답만 돌아왔다. 메뉴 설명을 요구하니 직원들은 오픈한지 얼마 안 돼서 본인들은 잘 모르니 점장을 부르란다. 점장을 불러 고기가 왜 그런지 물으니 천진한 얼굴로 뭐가 문제냐는 식의 응대를 한다. 결국 2인분시켜 다 먹지도 않고 서둘러 매장을 나왔다.

SNS에는 수많은 연예인들이 여기서 먹어보지 않으면 큰일 날 듯 호들갑을 떨면서 홍보영상을 올려둔 걸 보고 바로 이런 것이 소비자 기만이구나 싶어 씁쓸했다. 제발 기본기조차도 갖추지 않는 사람들이 자본력만 가지고 외식업에 뛰어들어 성실하고 우직하게 한길을 걸어가는 많은 대표들의 기운을 빼지 않았으면 좋겠다. 단지 인테리어 몇 가지를 차용하고 음식 형태를 가져온다고 해서 그 내공까지 가져올 수 있는 것은 아니다. 소위 내공이라고 말하는 부분이란 바로 각기 다른 디테일을 연계성을 가지고 챙길 줄 아는 것이다. 접객 시 맞이하는 인사 멘트, 착석 안내, 메인메뉴를 가장 맛있게 먹을 수 있는 온도, 담음새, 어울리는 반찬, 추가로 주문할 사이드 메뉴와의 합, 메뉴를 가장 돋보이게 만들고 고객에게는 가치 있게 느낄 수 있도록 만드는 기물들, 물 한 컵, 냅킨 한 장, 화장실의 청결 상태, 대기 시 안내, 그 외 고객을 위한 편의시설을 챙기고 가족 모임, 데이트, 친구나 동료들과 방문 등 각각 다른 목적을 가진 고객들을 만족할 만한 최적의 서비스까지 신경써서 갖추는 것이다.

당장 내 매장을 둘러보고 작게라도 바꿀 수 있는 부분이 무엇인지 고객이 가치를 느낄 수 있는 요소라면 사소한 것들부터 하나부터 차근히 개선해보자. 테이블 위에 있는 먼지 가득한 소금, 후추, 참기름병부터 깨끗이 씻어 깔끔하게 네이밍을 붙여 올려놓고 세척 주기를 직원에게 공유해서 실천하게 하는 것, 테이블이 끈적거린다면 스팀을 쏘이든 주방세제나 알코올로 닦아내던 방법을 찾고 청소 방법도 공유해서 지속할 수 있도록 매뉴얼로 지정하는 것, 지금 당장 청소를 하고 작은 것들을 챙겨본다고 해서 내일 당장 매출이 오르지는 않지만 목표를 구체화시키고 사소한 디테일의 실행을 목적으로 성과화 시켜야 한다. 폭발적인 디테일의 성과를 직접 경험해 보시길 바란다.

짐승같은 성실함을 매장에서는 싫어한다

'일찍 일어나는 새는 피곤하다!' 어느 개그맨의 유명한 명언이다. 돌려서 생각해 보면 참 정직한 말이 아닐 수 없다. 여전히 부지런하고 성실한 태도는 사회 생활하는 사람에게 미덕이고 재능이다. 공부를 잘하는 사람 역시 진득하게 오래 앉아있는 인내심과 모르는 것을 꾸준히 찾고 내 것으로 만드는 능력이 탁월하다. 늘 바쁘게 움직이는 모습은 눈에 바로 나타나기 힘든 성과보다는 일이 되어가고 있다는 기대감을 줄 수 있는 행동 중 하나이므로 대체로 관리자 입장에서는 성실하고 부지런한 직원을 좋아하며 확률상 성과를 내는 것도 성실한 쪽이 많다. 우리가 성실해야 하는 이유는 목표를 정하고 성과를 내기위함인데 목적없는 부지런함은 그저 분주하다고 표현한다. 목표를 인지하면서 매일 해

낼 과업을 수행하는 직원이 있다면 정말 고맙다. 그들과는 방향성을 논의할 수 있고 새로운 도전과제나 개선점을 적용하기에도 용이하다. 사소한 일들이라 할지라도 '일단은 해보자!' 라는 의식이 몸에 배어있으므로 바로 적용하고 결과에 대한 피드백도 빠르다. 보통 이런 부류의 직원은 누가 뭐라고 말하기 전에 본인 스스로 성과의 지표를 만들고 어떤 방식으로 일을 풀어가는 것인지를 계획하며 그 과정 중에 나타나는 작은 성과들에도 의미를 두고 자부심을 가지며 일을 한다. 그들의 성실함에는 늘 목표가 뚜렷하다. 직급별로 업무의 카테고리가 다르지만 관리자급 리더와 직원 간의 합이 맞아떨어지면 이보다 더 좋은 시너지는 없다.

조직에서 가장 무서운 사람은 '근태 좋고 부지런한데 성과는 없는 너무 착한 상사나 직원'이라는 설문조사 결과가 있었다. 이들은 남의 부탁을 거절하지 못하는 성향을 보였고 일의 우선순위보다는 그때그때 닥치는 일을 하느라 정작 급한 일들을 해결하지 못한다. 일을 하다 보면 급하고 중요한 일/ 급한데 중요하지 않은 일/ 급하지는 않지만 중요한 일/ 급하지도 중요하지도 않은 일이 존재한다. 내가 중간관리자로 근무할 때나 대표자로서 사업을 진행함에 있어서도 늘 한결같이 정해야 하는 일은 업무상 우선순위이다. 소위 일머리라고 불리는 이 루틴을 정착하는데 꽤 많은 시행착오를 거쳐야 했다. 아침에 출근하면 우선 전날 대답해주지 못한 업체들 메일이나, 직원들 요청 사항들을 빠르게 검토해서 바로 해결할 수 있는 사항은 체크해서 바로 피드백해 주어야 한다.

이런 일들이 급하고도 중요한 일이다. 사소한 피드백일지언정 업체에게는 문의사항에 대한 빠른 대처가 가능한지, 소통을 원활하게 할 수 있는지에 대한 가늠을 가능하게 한다. 직원에게는 문제 사항을 적극적으로 해결하려는 관리자에게 모든 소통 창구가 집중되는 결과를 가져온다. 당연히 조직 내에서 그 관리자는 팀 리더로서 신뢰도와 통솔력까지 높은 능력을 갖추게 되는 것이다. 반대의 경우 조직 내에서 혼란이 초래된다. '성실하나 착하기만 한 관리자'의 경우 직원의 요청사항에 대해 불편한 관계가 싫어 본인이 직접 하기 바쁘다. 스스로 하는 것이 차라리 맘이 편한 경우다. 그렇다 보니 일이 늦고 본인이 정작 해야 할 일들 또한 늦춰진다. 본인은 늘 너무 바쁘게 솔선수범해야 한다는 생각에 쉬는 시간까지 반납하고 열심히 몸을 움직이지만 누구 하나 알아주지 않다 보니 스스로 번 아웃이 오기도 하고 업무능률은 떨어진다. 직원들 입장에서는 정작 해줘야 하는 피드백이 오지 않다 보니 답답해서 다른 관리자를 찾게 되고 불평불만을 늘어놓기 시작한다. 너무 좋은 사람이나 일이 안 돌아간다는 평을 듣게 된다.

대표는 매장에서 수행해야 하는 일들을 일별, 주별, 월별, 시간별로 업무분장과 업무 스케줄을 정리해서 매뉴얼화시키고 교육하며 고객 컴플레인 사항은 바로 정리해서 조회 시간을 통해 피드백 줘야 한다. 업체별 피드백 사항도 미리 체크해서 직원들이 업무를 수행하는데 걸림돌이 되는 요소들을 해결해야 한다. 브랜드 확장을 위해 재정비가 필요하다 느끼고 컨설팅을 의뢰하시는 대표님들은 그 중요성을 깨닫긴 해도 실상 여력이 되지 않아 매장 운영매뉴얼 컨설팅, 직원 교육을 의뢰하신다. 막상 작성하시려고 하면 대표 눈에는 안 보이는 사항들도 있을 수 있고 매일 반복되는 업무 안에서 힘에 부치니 외부의 도움을 받아서라도 전반적인 점검을 통해 더 효과적인 운영을 하시려는 경우라서 나 역시 꽤 많은 시간을 투자하고 상담하면서 진행한다.

짐승같은 성실함이 미덕일 순 있으나 결코 직원들이 리더에게 바라는 모습에 정석이 될 수는 없다. 주인이 매일 직접 청소하고 주방 기물을 정리하는데 많은 시간을 쓰는 것이 우선이면 안 된다는 얘기다. 대표가 먼저 살갑게 인사를 하고 직원들 대소사를 챙기고 매장 정리를 하는 모습은 기본이지만 대표로서 해야 할 '급하고 중요한 일'의 우선순위가 어긋나는 순간 직원들에게는 그저 소통 안 되고 성과를 떨어뜨리는 무능력한 리더가 되어있을 뿐이라는 것을 명심해야 한다.

달림과 쉼의 균형

아침에 일어나면 내가 늘 습관처럼 검색하는 SNS는 대부분 자기계발, 긍정 확언, 운동 인증, 성공 사례 등이 대부분이다. 주로 보는 카테고리라서 랜덤 알고리즘 자체도 그렇게 연결되어 있다 보니 하루하루가 열심히 살아야 하는 이유를 확인받는 셈이다. 가장 눈에 띄는 것은 20대 초반임에도 불구하고 성공을 위해 행동하는 일종의 루틴들을 인증하는 것이다. 책, 운동은 기본으로 작은 것이라도 실행하는 하나하나를 인증하면서 성장하는 과정을 기록하고 서로 응원하는 장소로써 SNS를 활용하는 것이다. 기존에 내가 이렇게 해서 성공했다! 스토리가 아닌 실패하는 과정도 비록 현재 성공의 모습은 아니지만 미래를 위해 조금 먼저 시작한 선배의 입장에서 담담히 기록하다보니 누구나 할 수 있을 것 같다는 동기부여가 더 확신을 갖게 만들어서 매우 많은 팔로워를 가지는 분들을 보면서 쉬는 시간 멍 때릴 때 보다가 나도 모르게 다시금 자극받고는 한다. 그러다 쉬는 시간까지도 나를 위한 채찍질로 시간을 보내야 하나 싶기도 하지만 굳이 애써 만든 루틴을 워라밸이라는 허울 뒤로 숨기고 싶지는 않아서다.

외식업을 흔히 종합예술이라고 칭한다. 제조, 판매, 인사, 노무, 세무, 물류, 경영 등등 어느 것 하나 놓을 수 없이 다 신경 쓰면서 작은 회사 하나 운영하는 것과 맞먹는 노동 강도를 가지고 있다. 그래서 계속 달리고 싶어서 달린다기보다는 떠밀려서 갈 수 밖에 없는 상황도 마주한다. 잘 되면 잘되는 대로 안 되면 안 되는 대로 굉장한 스트레스를 호소하는 대표님들이 대부분이라 상담 때마다 일단은 그 하소연을 듣는 것으로 많은 시간을 할애한다. 그럴 때마다 쉬는 날은 어찌 보내시는지를 물어보면 쉬는 것 자체를 부담스러워하시거나 그날까지도 영업해서 매출을 높여야 한다고 말씀하시는 분들이 많다. 물론 그 맘은 충분히 이해가지만, 하루 이틀하고 말 게 아니니까 온전한 쉼을 가지셔야 한다고 말씀드린다. 나 역시 쉽지는 않는 일이나 실천하는 방법이 있다. 몸이 너무 피곤할 때는 일단 푹 자고 내가 입에서 당겨하는 단번에 떠오르는 메뉴를 골라 사 먹거나 예쁜 그릇에 잘 차려 먹는다. 외식할 때는 벤치마킹 습관을 버리고 나를 대접하는 마음으로 가능한 정성껏 좋은 것들로 골라 먹으려 한다. 늘 남에게 대접하는 사업을 하고 있으므로 나에게도 친절해야 한다. 그러고는 업무와 상관없는 재미있는 책을 하나 읽는다. 핸드폰을 옆에 던져주고 오롯이 책에 집중해서 읽어보고 하늘이든 나뭇잎이든 한없이 보면서 멍하니 시간을 좀 보내다 보면 비로소 좀 비워지는 느낌이 든다. TV에서 집 정리해 주는 프로그램을 보면 우선은 싹 꺼내서 비우기를 제일 먼저 실행한다. 비우지 않는 상태에서 정리는 금방 제자리일 수밖에 없기 때문이다. 종교시설에 가서 기도해도 좋고 명상을 하거나 운동을 해도 좋다. 밖으로 나가서 산책해도 좋고 차가 막히지 않는 시간대에 확 트인 곳으로 드라이브해도 좋다. 책을 좋아한다면 도서관에 박혀서 온종일 소설책, 만화책을 읽는 것도 추천한다. 대신 절대적으로 혼자서 쉬는 시간으로 투자하기를 바란다. 가족과의 여행이나 친구들과 만남도 좋지만, 그 역시 마음을 나눠야 하는 일이므로 내 회복을 위해 일주일에 하루, 또는 딱 반나절만이라도 정 안되면 한 달에 1~2번만이라도 온전히 나의 지친 부분에 물을 주고 뿌리에 휴식을 주는 것이다. 지친 마음의 위로를 주고 다시 일어나 뛸 수 있는 회복탄력성을 키우는 일이야말로 가장 중심에 두어야할 삶에 태도이기도 하다.

과거의 잘나가던 시절을 흘려보내 주고 주변에 대박 나는 식당들을 보면서 조바심 나는 마음도 잠시 내려놓고 미래를 걱정하는 습관도 최소한 그날만큼은 말끔히 비우는 습관을 지녀보아야 한다. 말이 쉽다고 그게 되겠냐고 하겠지만 연습하자는 얘기다. 대신 나를 비우고 좋은 것들로 채워보는 쉼은 좋지만, 소모적인 쉼은 지양해야 한다. 스트레스 풀겠다고 필요도 없는 쇼핑을 잔뜩 한다면 며칠간은 기분 좋을 수 있지만 밀려오는 카드 값에 곧 우울해지고 그 카드값을 위해 더 열심히 일을 해야 하는 상황을 만들게 된다. 기분 풀겠다고 진탕 마신 술이 다음날 컨디션과 건강을 망가트리는 것은 불 보듯 뻔하다. 다이어트를 위해 가지는 치팅 데이가 간헐적 폭식이라면 그다음 날은 2~3배의 운동으로 빼야 본래대로 돌아갈 수 있다.

회복 탄력성이 큰 사람은 설사 실패하더라도 다시 딛고 일어나는 힘이 세다. 내가 좋은 것을 잘 모를 때는 겁내지 말고 하나씩 이것저것 해보면서 나에게 줄 수 있는 것들을 찾으면 그뿐이다. 그 쉼과 채움의 과정을 겪으면서 나의 우월감을 찾는 대신 열등감은 인정해 버리는 것이다. 인정하는 순간 그 열등감은 내가 딛고 나가야 할 발판 정도로 작아진다. 현명한 쉼은 아직 내 안에 숨어있는 무한한 창의력을 줄 수 있음을 명심하고, 나를 멈추게 하는 것도 나를 회복하게 하는 것도 나 자신임을 잊어서는 안 된다.

제3장
장사보다는 시스템 구축이 먼저

장사하는데 뭔 매뉴얼까지 필요해?

장사든 공부든 성과를 내기 위한 간단하지만 가장 중요한 기본요소는 목표에 따른 계획수립과 실천, 체력 관리라고 할 수 있다. 내 브랜드가 추구하는 가치에 따른 목표를 우선 수립하고 그에 따른 세부 사항을 실천하기 위한 매뉴얼화 시킨 후 실행과 점검을 반복하면서 실수를 줄여가면서 최적의 영업환경을 만들어 두는 것을 목적으로 한다.

매뉴얼은 일종의 매장에서 일련 활동에 대한 표준화된 기록이다. 직원이 출근해서 퇴근까지 시간별 수행해야 할 업무기록을 담은 업무 타임 스케줄, 파트별 주요 업무수행 결과를 담은 업무일지, 식자재 및 공산품 입출고 확인리스트, 일자별 매장 구역별 청소매뉴얼, 매장 출퇴근시 점검해야 할 사항을 체크하는 마감 업무매뉴얼, 직원 휴무일과 근무

시간 등을 정리한 근무 스케줄 등이 이에 속한다.

놀랍게도 매장을 20개 정도 가지고 있는 브랜드들도 매뉴얼이 없는 곳이 있다. 필요성을 느끼지 못한 경우도 있고 바빠서 미루다 보니 미처 준비하지 못한 채로 영업하다가 매장의 개수가 늘거나 프랜차이즈 확장을 해야 할 상황이 되면 부랴부랴 만들어야겠다고 생각하고 급하게 연락이 오는 경우가 대부분이다. 보통은 매장 하나 하는데 뭘 매뉴얼씩이나 필요하냐고 하시면서 다 머릿속에 있다고 굉장히 자부심을 표현하기도 한다. 이런 곳을 상담해 보면 우선 직원들의 이직률이 무척 높다. 우선 업무 순서를 익히기에 어렵고 인수인계 시 교육의 통일성이 없으며 그 외 관리도 주먹구구로 이루어지다 보니 업무효율이 떨어지고 피로도 역시 무척 높아져 있다. 계속 같은 일을 왜 하는지도 모른 채 반복하면서 몸은 피곤해하고 정확한 업무 구분이나 협업해야 하는 사항들이 정리가 안 되어 있다. 각자 본인이 매우 손해 보면서 일을 한다는 생각이 가장 팽배해 있다.

매뉴얼이 잘되어 있는 경우는 그와 반대로 업무강도가 꽤 높음에도 불구하고 명확한 스케줄과 단순화된 매뉴얼, 수행해야 하는 업무영역별 교육이 잘되어 있어 직원들의 근무 만족도가 높고 당연히 좋은 업무 성과는 고객에게 만족스러운 서비스로 돌아간다. 우리가 매장에 방문했을 때 교육이 잘된 직원들이 소위 날아다니면서 서빙하고 밝은 목소리로 인사를 하며 음식은 제시간에 최적의 상태로 제공되었을 때 음식의 맛과는 별개로 참 기분 좋은 만족감을 경험한 적이 있을 것이다. 체계적인 매뉴얼이 없이는 고객에게 만족할 만한 서비스를 제공하는 것이 사실상 쉽지 않다. 물론 매뉴얼이 없이도 매장운영은 가능하긴 하다. 대표의 의지대로 매일 돌아가는 일은 가능하나 표준 매뉴얼이 없는 상태에서 그 단순 반복적인 업무들조차 직원의 인지가 누락될 수 있으며, 능숙하게 업무를 익히는 동안 실수 발생률이 높을 수밖에 없다. 업무 인지도는 직원별로 경력과 신입의 차이와 직원의 습득 능력에 따라 업무 수행률이 다를 수밖에 없으므로 결과적으로 방문하는 고객에게 표준화된 서비스를 제공하기 어렵다. 또한 브랜드가 추구하는 가치를 내포한 기준점이 아닌 직원이 머릿속으로 그리는 업무의 기준점이 다르므로 직원 간 업무의 오해를 불러오기도 한다. 또한 직원이 바뀔 때마다 기존 직원이 본인의 업무 내역만 구전으로 교육하는 경우가 많아 정확한 범위와 카테고리별로 교육하는 것이 불가능하므로 직원에 따른 고객서비스도 각각 다른 결과를 가져온다. 매일 일어나는 실수와 업무 공백을 메우느라 정작 필요한 일을 놓치게 되므로 비효율적인 업무 시스템은 시간적인, 금전적인 리스크를 감수하게 만든다. 막상 매뉴얼을 작성해보자고 하면 무척 난감해하시면서 뭐부터 손을 대야 할지 모르겠다는 반응이 대부분이다. 이는 매장을 정교하게 관찰하고 동선별로 기록해보지 않았기 때문이다. 매뉴얼 수립에 관한 의뢰 시 진행되는 사항들은 다음과 같으므로 참고하면서 하나씩 작성해 보자.

운영 매뉴얼 작성에 대한 의뢰가 들어오면,

첫째, 해당 매장에 대표님 및 점장과의 인터뷰를 진행하는 것을 우선으로 한다. 매뉴얼을 어떻게 활용할 것인지 교육 진행함에 대한 의논을 거쳐 효과적으로 매장에 적용해서 최대의 성과를 낼 수 있도록 목표를 세우고 각각의 카테고리별 필요한 매뉴얼을 수립한다.

둘째, 매장에 상주하면서 직원들의 업무 동선을 기록한다. 시간별로 어떤 일을 하고 있는지, 직급별로 하는 일은 무엇이 다른지, 파출이나 알바의 업무영역은 어디까지인지 등등 최대한 자세하게 기록한다.

셋째, 기록한 사항들을 업무별, 시간대별로 나눠 각각의 매뉴얼을 만든다.

넷째, 작성한 매뉴얼을 바탕으로 대표, 점장, 직원들과 함께 인터뷰를 취합한 후 매뉴얼의 종류를 확정하고 개선점을 체크하고 수정한다.

다섯째, 작성한 매뉴얼을 매장 내 필요한 요소마다 부착한다.

여섯째, 매뉴얼의 필요성과 활용하는 방법을 매장 책임자에게 교육한다.

일곱째, 매뉴얼이 매장에서 잘 정착되었는지 현장에서 확인한다.

매장에 최적화된 매뉴얼은 업무의 우선순위 시각화시켜 불필요하게 반복되는 업무를 줄여주므로 직원들의 업무 피로도를 낮춰주고 효율적인 업무 배분으로 인해 인건비 절감에도 영향을 끼친다. 장기적으로 매출과 영업이익에 기여하는 중요한 요소이다. 매뉴얼 자체로 의미를 두는 것이 아니라 매뉴얼로 교육한 직원이 익숙해지면 비로소 매장을 움직여 주는 동력이 되어준다는 사실을 명심해야 한다.

레시피는 2개여야 하는 이유

상담 시 주방 점검을 해보면 매출이 꽤 높은 곳임에도 주방에 레시피가 부착되어 있지 않은 경우도 꽤 많다. 대표님이 주방 실장을 겸하면서 이 비법 소스를 본인만 알고 있어서 그런 경우도 있고 수첩에 적은 레시피를 가지고 교육하고 포스트잇으로 간단히 적어 붙여두는 것으로 대신하기도 한다. 때에 따라서는 레시피를 부착하는 것을 조리법 미숙지로 인한 전문적이지 못한 태도로 인식되어 일부러 부착하지 않는 곳도 있다. 레시피가 완벽히 숙지되어 늘 표준화된 맛이 나오면 부착 여부는 전혀 문제가 되지 않는다. 하지만 메뉴개발자 당사자라 할지라도 표준화된 레시피가 없으면 실수할 수 있는 확률이 늘어난다. 본인 입맛의 기준이기 때문에 메인 조리사의 컨디션에 따라 간도 달라진다. 음식에서 가장 중요한 간을 맞추는 것도 표준화된 레시피로 간단히 해결할 수 있다. 갈 때마다 맛이 다른 음식점의 경우 대부분 음식의 표준화된 레시피가 없는 경우다. 흔히 우리는 음식의 간이 맞지 않으면 짜다 또는 싱겁다기보다는 맛이 없다고 표현한다. 간만 잘 맞춰도 기본은 하는 음식점이 된다. 지난번 방문했을 때 맛있던 음식점이 오늘은 맛이 없다면 재방문이 일어나지 않는다. 아무리 서비스가 좋다고 한들 맛이 없는 음식점에 내 돈과 시간을 쓰고 싶은 고객은 없다. 음식점에서 가장 중요한 맛을 주관하는 것은 주방장의 손맛이 아니라 표준편차를 줄인 맛이다.

레시피는 음식을 조리하기 위한 과정을 적은 것으로써 메뉴명, 메뉴 완성사진, 재료 목록, 준비 단계, 조리 절차, 서비스 시 주의할 점과 특이사항 등이 기재되는 것이 보통이다. 작성 형태는 브랜드별 선호도에 따라 형태를 달리할 수는 있지만 조리사가 이해하기 쉽도록 가독성을 높여 작성하는 것이 중요하다. 레시피를 작성할 때는 2가지로 분리해서 작성해야 하는데 조리의 목적도 있으나 원가분석의 기초자료이기 때문

메뉴명	*** 샌드위치	
재료	필요량	
샌드위치용 빵	100	g
**버터	30	g
루콜라	10	g
**샌드위치 햄	20	g
토마토	40	g
**베이컨	30	g
**슬라이스 치즈	20	g
양파	40	g
**소스	10	g

〈기준레시피〉

메뉴명	*** 샌드위치	
재료	필요량	
반커팅 샌드위치용 빵	1	개
버터	1	T
루콜라	2	장
구운 샌드위치 햄	2	장
원형 슬라이스 토마토	1	장
구운 베이컨	3	장
슬라이스 치즈	1	장
다진 양파	2	T
특제 소스	3	T

〈주방용 레시피〉

이다. 예를 들어 샌드위치 조리 레시피를 위의 표처럼 2가지로 나눠 관리 및 부착해야 한다.

(표를 효과적으로 구분 설명하기 위해 조리 과정을 생략했다)

기준 레시피는 명확한 중량과 제품명까지 표기해서 조리 레시피의 기준으로 삼고 원가분석 기초자료로써 정확히 작성한다. 반면 주방 부착용 조리 레시피는 조리 시 가독성을 높여 간단하게 식재료 단위로만 표기해서 업무 효율성을 극대화하는 것을 목적으로 한다.

조리 과정, 시간, 완성 사진 등 항목들은 두 가지 모두 동일하게 작성하되 필요량은 빵 1개, 소스는 15cc 계량스푼 1T, 국물은 3온스 국자 1국자, 잎채소는 1장 등 재료별 낱개는 낱개대로, 조리도구는 최적화된 기구를 사용하며, 간단하고 누구나 봐도 쉽게 표기해서 최소한의 동선만 가지고도 동일한 맛을 유지할 수 있도록 레시피 중량에 초점을 맞춰서 작성해야 한다. 또한 레시피 작성 시 주방 동선을 고려해서 조리 순서에 반영해야 불필요한 조리 시간 낭비를 막을 수 있으므로 꼭 체크해야 할 항목이다. 마지막으로 주방용 조리 레시피를 기준으로 주방 직원 교육을 실시하면서 문제점이 없는지 완성 메뉴의 품질은 균등한지 다시 한 번 확인하고 필요에 따라 수정을 거쳐 완성 레시피를 부착하도록 한다.

레시피는 고객에게 안정된 맛을 제공하고 업무의 효율을 증대시키며 식재료의 불필요한 사용을 막아 영업이익의 긍정적인 시그널을 제공하는 아주 중요한 자산이다. 레시피 부착과 동시에 조리 방법만을 위한 것이 아닌 정확한 목적성이 함께 교육되어야 효과적인 레시피 작성의 마무리라고 할 수 있다. 분명 동일한 환경에서 같은 내용을 교육했음에도 결과는 놀랍게도 다 다르다. 교육자와 별개로 교육받는 자의 경험이나 배경지식이 다르므로 설명했다고 다 안다고 착각해서는 안 된다. 교육 후에는 반드시 실습하고 스스로 레시피에 준하는 조리 과정을 지키며 완성 메뉴까지 만들어 내서 만든 사람이 바로 시식까지 해보고 문제없음을 확인하는 것까지가 교육의 마무리 단계이다. 이해했는지 말로 물어서는 절대 모른다. 오롯이 완성된 결과로만 확인할 수 있다.

잔소리를 고급스럽게 세팅하는 방법

'벽에 붙어있는 건 매뉴얼! 말로 하는 건 잔소리' 상담 차 방문했던 어느 매장에 붙어있는 멘트 중 하나였는데 손으로 적은 가지각색의 매뉴얼들이 POP형식으로 붙어있었다. 직원들에게 가독성을 고려해서 부착했겠지만, 통일성도 없고 무엇보다도 고객들이 봐야 할 메뉴판 곳곳에도 직원들이 봐야할 내용들이 섞여 붙어 있어서 고객 집중도를 떨어뜨리고 너무 정신없어서 개선점을 찾아 드리고 수정하고 교육했던 매장이었다. 말 그대로 매뉴얼은 매장에서 일어나는 일련의 과정을 효율적인 업무성과를 위해 요약해서 보관 및 부착하는 것이지 대표가 원하는 모든 사항을 그대로 글로 써서 붙이면 매뉴얼이 되는 것은 아니다. 그 매장의 경우 주방 입구에 크게 휴대폰 금지, 잡담 금지, 업무 중 간식 금지 등이 쓰여 있었다. 이런 사항들은 업무상 당연히 필요한 하우스 룰 중 하나로 손님들이 보는 위치에 부착할 필요는 없다. 또한 너무 단순한 기본사항들을 '금지'란 말로 표시해서 직원들을 굳이 기분 나쁘게 만들 이유도 없다. 말 한마디로 천 냥 빚을 갚는다는 속담이 괜히 있는 게 아니다.

외식업의 인력난이 심각해지면서 직원들을 관리하는 것이 더욱 어려워지고 있기 때문에 대다수 대표님들은 어떻게 소통해야 좋을지 고민이 깊어졌다. 조금만 업무지적을 해도 그 다음 날 나가버리기 일쑤이고 칭찬도 잘못하면 시기나 질투로 번지기도 한다. 눈에 보이는 업무들을 대표가 모두 다 할 수도 없는 노릇이고 가르치고 잘못된 것을 수정하자니 모두 잔소리로 치부해 버리니 대표입장에서는 난감할 수밖에 없다. 우리에게 일터는 함께 공동의 목표로 성과를 만들어가는 장소이다. 사람이 하는 일이다 보니 각각의 입장을 어필할 수는 있으나 일의 성과를 저해하는 불편한 감정요소는 제거하는 것이 우선되어야 한다. 이 과정에서 불필요하게 관계가 훼손되는 것을 예방하기 위해서는 잔소리를 고급스럽게 세팅하는 기술이 필요하다.

MZ세대와 기존 세대 간의 가장 큰 이슈로 출퇴근 시간에 대한 기준점을 다룬 토론 프로그램이 방영되었다. 출근 시간이 9시이면 9시에 도착하면 되는 것 아니냐는 주장과 업무준비를 위해 유니폼을 갈아입는 시간들 고려해서 최소 10분 전에는 도착해야 하지 않느냐에 대한 열띤

토론이었다. 각자의 주장을 펼치다가 방송을 예로 들며 9시 뉴스를 하기 위해 옷을 갈아입고 머리를 손질하는 것은 일을 하기 위한 준비일 뿐이다. 머리 손질과 화장이 3시간씩 걸린다고 해서 그걸 근무시간에 포함시킬 수는 없다는 해결사의 조언끝에 근로계약서 작성 시 출근 시간을 업무 시작 시간으로 바꾸면 되지 않겠냐는 중재 제안이 나왔다. 의외로 첨예하게 날을 세우며 본인들 주장을 펼치던 MZ패널들 모두 순순히 수긍했다. 단어 한마디로 설득이 되는 단적인 예를 보여줬다.

업무상 지적 사항이 생기는 것을 따라다니면서 하나씩 반복적으로 얘기하는 것은 그다지 효과적이지 않다. 말 그대로 잔소리일 뿐이다. 조금 답답하고 화가 나더라도 직원들별로 지적사항을 체크해서 적어두었다가 1:1로 피드백해 줘야 한다. 쉽지 않은 일이지만 꾹 참았다가 여유 있는 시간에 따로 이야기한다. 감정을 빼고 미흡한 부분을 어떻게 수정해야 하는지 사실 기반의 행동양식까지만 명확하게 전달해준다.

EX) 좀 부지런하게 자주 청소 좀 깨끗이 해~(X)

→ 테이블 의자는 빼고 걸레질해야 하는 것이 매장이 진득거리는 걸 예방하려고 청소 방법을 정한 거니까 매뉴얼대로 진행해 주세요.

감정이 빠져있으므로 별 반대 없이 수긍하기 마련이지만 다른 불편한 이유가 있어 수행하지 못한다면 방법을 찾아 제시해 주도록 협조를 유도해야 한다.

→ 만약 그 부분이 불편하다면 어떻게 하는 변경하는 것이 효과적일

지 제안해 주세요.

　일정 시간을 정해 조회시간을 가지는 것도 좋다. 이때는 업무 중 비효율적인 사항을 어떻게 개선해서 적용할 것인지, 고객 컴플레인의 공유를 통해 서비스 개선은 어떻게 진행할 것인지 등 의견을 종합하고 결정된 사항을 공통으로 지킬 수 있도록 공지해야 한다. 반드시 명심할 것은 그 어떤 사안도 의사결정의 최종결정자는 대표든 점장이든 한곳으로 집중해서 피드백 하도록 해야 혼란이 없다.

　조회 시간은 하루 업무를 시작하는 시간대에 배치하는 것이 낫다. 아무래도 저녁 시간대에는 마감 업무로 바쁘고 체력적으로 피로한 상태이므로 효과적인 의견교환이 쉽지 않다. 조회 때는 하루를 시작하는 시간인 만큼 서로 격려하고 칭찬해 주는 분위기를 유도해서 기분 좋은 상태로 업무에 임할 수 있도록 해야 한다. 매일 조회 시간마다 직원들끼리 순서를 정해서 업무상 칭찬을 하나씩 말해보도록 해서 직원간의 유대감을 높인 사례도 있다. 직원들 스스로 서로 작은 것이라도 칭찬하면서 성취감과 자존감을 높여주고 재밌게 일을 할 수 있는 동기부여가 되면서 매장 분위기를 좋게 만들었을 것이다. 대표에게는 미처 보이지 않았던 직원들의 장점과 기여도를 파악하는 기회가 되고 구체적인 격려를 할 수 있는 수단이 된다. 결정적으로 이 모든 결과는 고객에게 밝은 에너지를 전달하는 순기능으로서 역할을 톡톡히 해줄 것이다. 무엇보다도 이 과정들은 대표와 직원들 간의 신뢰가 바탕이 되어야 가능하다.

비전을 가진 대표가 직원 한 명 한 명에게 애정을 가지고 그들의 의견에 귀 기울이는 태도를 가지는 것이 우선이다. 개떡같이 말하고 찰떡같이 알아듣기를 바라지 말자. 매장 내에서 서로 상생해야 하는 것은 직원과 대표 모두에게 가장 기초적인 목표이다.

동선을 잡지 못할 바엔 메뉴개발을 하지 말자

TV에서 방영하던 아파트 광고를 떠올려 보면 예쁜 홈드레스와 앞치마를 차려입은 엄마가 주방에 서서 보글거리는 찌개를 끓이고 남편과 아이들은 식탁에 앉아서 기다리다 엄마가 테이블에 내려두는 음식을 보고 "우와~"하는 짧은 감탄과 함께 박수를 치는 모습을 보여준다. 주방이 방 옆 바깥쪽의 위치에서 부엌으로 불리던 시절에 엄마가 밥상을 들고 들어오던 모습에서 훨씬 진화된 형태이다. 부뚜막에서 불을 때서 밥을 짓던 엄마는 연탄불로 국을 끓이다가 주방이 실내로 들어와 거실 옆으로 배치되고 가스레인지로 서서 조리하는 것으로 발전되었다. 가족을 등지고 요리해야 했던 동선도 바 형태 테이블을 바라보며 조리할 수 있는 형태의 주방으로도 확장되었다. 주방이 음식을 만드는 본연의

기능 외에 가족의 생활양식과 구성원 변화 등에 발맞춰 점점 더 편리한 형태로 진화한 것이다. 이처럼 매장에서도 주방 동선은 메뉴별 유기적인 변화를 수용할 수 있는 공간이 되어야 한다.

메뉴 기획 계약을 하게 되면 메뉴를 선정하기에 앞서 가장 먼저 주방을 확인한다. 조리 기물 종류를 체크하고 주문 시 조리하는 과정에서 메뉴별 동선은 어떤 방식으로 흘러가는지를 관찰한다. 또한 자주 쓰는 주방 도구와 개선이 필요한 조리도구를 체크한 후 추후 효율적인 공간 활용을 위해 죽어있는 공간은 없는지, 식재료는 용도별로 구분해서 배치되어 사용되고 있는지, 저장 공간 활용은 효과적으로 운영되는 것인지를 확인하는 것이 우선이다. 의뢰하시는 입장에서도 메뉴 하나 넣겠다고 이것저것 조리도구를 바꾸거나 비싼 기계를 사는 것을 반기는 사람은 없다. 기본적인 주방 구조를 파악해야 메뉴 기획 시 식자재와 도구들의 가동 범위를 예측해서 현장에 적용할 수 있는 기획안을 제안할 수 있다.

창업 시 주방인테리어는 메뉴의 상호 완성이 숙지 된 후 구성하고 변경할 수 있는 여지도 남겨둬야 한다. 주방 동선을 잘 구성해 두면 조리 시 재료의 공급이 신속해지고 필요한 도구들과 장비에 쉽게 접근하여 원활한 조리를 할 수 있는 환경이 만들어진다. 이에 따라 같은 기준으로 조리를 진행하여 일관된 음식 맛을 유지하는데 용이하며, 주문 처리시간도 단축되어 고객에게 신속한 메뉴 제공이 가능해진다. 또한 주방 내

스텝간의 효율적인 업무 배치를 할 수 있으므로 소통과 협력하는 데 도움을 주는 조리 과정을 유지할 수 있게 된다. 위생 관리의 예로 조리 공간과 저장 공간을 구분하여 교차오염을 방지함으로써 식품 및 안전기준 준수를 보장할 수 있다. 효율적인 주방 동선은 일관된 작업흐름으로 업무 분담이 최적화되므로 낭비되는 에너지와 시간을 줄여주므로 비용이 절감되고 생산성을 향상하는데 기여한다. 그런데 홀을 중심으로 한 명이라도 더 많은 고객을 방문하도록 하기 위해 주방의 크기는 대부분 너무 작게 배치하는 경우가 많다 보니 정작 메뉴를 늘리거나 메뉴의 효율성을 위해 기물들의 위치를 변경하는 것조차 자리가 너무 좁아 비효율적인 상태로 업무강도가 높아지기도 한다.

주방 동선이 고려되지 않는 메뉴는 기존에 시스템까지 혼란을 줄 수 있으므로 조리 직원들에게는 부담으로 작용하고 메뉴 제공 시간이 턱없이 늦어지거나 메뉴 품질이 크게 저하되는 등 업무 효율이 떨어지는 피해는 고스란히 고객이 받게 된다. 신메뉴 하나를 넣기 위해서는 기존에 쓰고 있는 식자재와의 교차 상관 여부와 보관, 메뉴 조리 과정에서 사용되는 냄비나 프라이팬 등 기물, 조리도구, 현재 메뉴 제공 시 사용하고 있는 간택기의 숫자까지도 모두 고려해서 기존 메뉴 조리와의 과정상 충돌을 최소화하도록 기획, 개발해야 하며 기존 판매율이 저조한 메뉴는 과감히 삭제해서 조리 공간을 확보한 후 진행해야 메뉴개발의 효과를 기대할 수 있다. 우리가 계절이 바뀔 때 마다 하는 집 정리랑 똑

같다. 무작정 정리하는 것 보다는 일단 필요 없는 것부터 버리고 나서 정리해야 여유가 생기면서 추후 들어올 물건의 자리도 생기는 법이다. 무턱대고 메뉴 개발부터 진행해서 동선 꼬여서 못 하겠다는 직원들과 싸우지 말고 꼼꼼히 동선 파악부터 하자. 신메뉴를 파는 것으로 매출 올리는 것보다 기존 동선 정비해서 품질을 올리고 효과적인 인력배치로 인건비를 줄이는 것이 효과적인 매출전략 중 하나이다.

새벽시장에 가지 않아야 하는 이유

열심히 살다가 문득 열정이 좀 식었다고 생각되면 새벽시장을 가곤
한다. 깜깜한 시간, 남들이 자는 고요한 순간에 일찍 시작하는 치열한
삶의 순간들을 마주하다 보면 나도 모르는 사이에 좀 더 열심히 살아야
겠다는 생각이 샘솟곤 한다. 재래시장만이 가지는 시끌벅적하고 저렴
하고 사람 냄새 나는 그 무엇이 참 매력적인 곳이기도 하다. 처음 창업
을 하면 누구나 의욕에 넘치기 마련이고 좋은 식재료에서 좋은 맛이 나
온다는 상식을 등에 업고 새벽시장을 가게 된다. 외식업으로 부자가 된
대표님들을 소개하는 TV 프로그램들에서도 새벽시장에 가서 장을 보
는 것을 당연히 거쳐야 하는 공식처럼 보여주기도 한다. 식재료는 음
식을 대하는 태도 중 하나이므로 하나하나를 만져보고 두드려 보고 박

스를 뒤집어엎어서 벌레 먹거나 상한 재료들은 다 솎아내고 좋은 재료로만 구입하여 차 트렁크를 가득 채우는 모습은 나도 저렇게 움직여야만 할 것 같은 생각을 가지도록 만든다. 실제로 수십 년째 줄 서는 식당의 대표님들 대부분이 식재료에 대한 대단한 자부심을 가지고 집착으로 보일 만큼 깐깐하게 매일 직접 시장을 보는 모습들은 흔하다. 재료는 브랜드를 운영하는 사람의 태도를 보여주는 것이 바로 그 이유다. 좋은 재료야말로 맛있는 음식의 기본이며 식재료는 곧 메뉴 원가로써 매출이익과 직결되므로 대표 스스로 꼼꼼해지는 것이 기본자세일 수밖에 없다. 그렇다면 창업을 막 시작한 대표들도 새벽시장에 가서 그렇게 재료를 구입하는 것이 가능할까? 사실상 쉽지 않다. 절대 그렇게 하도록 놔두지도 않는다. 얼마 사지도 않는 사람이 바쁜 시간대에 와서 이것저것 뒤집어 가며 고르고 있으면 손등을 찰싹 한 대 맞을 수도 있음이다. 일반인이 싸게 옷을 사겠다고 동대문 새벽시장에 간다고 해서 도매가격으로 살 수 있는가? 만져보지도 입어보지도 못하는 그림의 떡일뿐더러 가격도 잘 알려주지 않는다. 묻는 말에 대답조차 하지 않는다. 그들이 불친절해서가 아니라 주 타깃층이 아니기 때문에 굳이 얼마 되지 않는 소매 손님에게 더 이상 에너지 소모를 하지 않는 것뿐이다. TV에 나오는 대표들은 이미 오랫동안 상인들과의 거래로 신뢰를 쌓아왔을 뿐더러 무엇보다도 최소 구매 수량을 넘어서서 대량의 식재료 구매가 지속적으로 이루어졌기 때문에 그런 구매 행동 자체가 허용 가능한 것이다. 이제 막 시작한 창업자의 경우 과연 식재료를 그렇게 구분하면서 구입하는 것이 사실상 불가능하다고 보면 된다. 창업자 본인 자체가 경험이 많지 않은 경우 물건을 보는 눈이 없을 확률이 높고 새벽시장이라고 해서 구입하는 식자재가 반드시 신선하거나 저렴하지 않을 수도 있다. 이들은 가격 경쟁력과 효율성에 초점이 맞춰져 있고 다양한 공급처에서 올라오기 때문에 품질과 크기를 일일이 비교해서 구입하지 않으면 메뉴에 일관성을 유지하기가 쉽지 않다. 오히려 경쟁이 치열한 물품의 경우 시중보다 훨씬 비싼 경우도 있다. 또한 납품 지연이나 물량 부족 등으로 원하는 시간대에 원하는 물건을 확보하기 어려울 수도 있다. 새벽시장에서 일일이 모든 식자재 가격을 기록하면서 비교해야 하는데 그 많은 도매시장을 야채 몇 가지 때문에 일일이 다 비교하는 것도 매우 힘든 일이다. 게다가 매장을 오픈하면 매일매일 정신없이 돌아가는 일상에서 새벽시장까지 왔다 가면서 에너지를 쓰면 영업을 준비하는데도 무리가 따른다. 사람이 쓸 수 있는 에너지는 한정적이므로 가능한 효율적으로 분배해서 쓰는 것이 현명하다. 오픈시기에는 매장에서 가까운 식자재 마트를 이용해서 식자재를 구입하시기를 추천한다. 처음에는 약간 비쌀 수 있어도 안정적으로 공급받을 수 있고 시간을 절약할 수 있으며 품질이 좋지 않을 때는 교환과 카드결재도 가능하다. 영업이 잘될 때는 바로 가서 같은 재료로 추가 구입도 가능하며 공산품의 경우 여러 브랜드의 제품들도 테스트해야 하므로 빠르게 소량의 제품을 그때

그때 구입가능한 장점이 있다. 어느 정도 물량이 맞으면 식자재 담당과 상의하여 마트에서 팔지는 않지만, 우리에게 공급해 줄 수 있는 품목도 협의할 수 있게 된다. 매장이 안정되고 매출에 따른 식자재 사용량이 늘고 메뉴도 기준치 이상 완성되면 식자재를 보는 눈이 생겼음을 스스로 알게 된다. 그때부터 주요 식재료는 새벽시장을 나가는 것 외 직접 산지를 찾아 협의한 후 대량 구매 계약을 해서 원가절감을 하고 신선하고 품질 좋은 식재료를 안정적으로 수급해 받을 수도 있다. 무엇보다도 오픈 후 메뉴 제공 및 고객에 대한 서비스가 안정되는 것이 최우선 과제이므로 매장이 최소한의 괘도에 오를 때까지는 선택과 집중을 하는 쪽이 본인 자신을 위해서도 효과적이다. 새벽시장은 대박 가게로 들어서는 조짐이 나타나면 그때 가서 방문해도 늦지 않는다.

아날로그가 통하는 매장이 효율적인 이유

푸드테크의 발달로 인하여 인건비 절감을 위해 키오스크를 사용하여 메뉴를 주문하는 매장이 늘어났고, 태블릿에 입력하면 내 앞에 몇 명이 남았는지 알 수 있는 미리 줄서기 가능한 시스템을 이미 많은 브랜드가 활용하고 있다. 관리적인 측면으로 슈퍼바이저가 매장에 직접 방문해서 점검한 후 정리된 결과물을 작성해서 제출하는 방법 대신 태블릿을 이용한 전자문서를 문항별로 체크해서 본사로 전송하는 방식을 쓰는 프랜차이즈 브랜드도 있다. 반면 스타벅스에서는 고객의 닉네임을 불러 주문한 음료를 제공하고, 한두 시간씩 줄을 서야 겨우 먹을 수 있는 대박집 중에는 여전히 대기 명부나 화이트보드에 이름을 적고 줄이 줄어들기를 기다려야한다. 꽤 오랜 시간 자리 잡은 브랜드들임에도 불구하고 왜 그대로 아날로그 방식을 고수하고 있는 것일까?

아날로그 방식은 많은 사람들에게 친근하고 익숙한 경험이다. 아무리 세상이 빠르게 변해서 푸드테크가 발달한다 해도 사람끼리 대면하면서 얻을 수 있는 정서적인 공감을 아직은 기계가 대신해 줄 수는 없다. 주문서를 손으로 직접 작성하거나 직원과의 대면 주문 시 상호작용을 통해 소비자의 정확한 니즈를 파악할 수 있다. 키오스크 시스템이 발달하면서 고객은 주문 시 더 많은 선택사항을 요구받게 되었다. 단순히 메인 메뉴하나만 시키는 것조차도 속 재료와 추가 재료, 세트 여부, 사이즈, 음료 포함여부 등등 선택을 하다 보면 메뉴를 주문하다 말고 짜증이 솟구치기도 한다. 너무 귀찮기도 하고 많이 접해보지 못한 고객의 경우 어렵게 느껴지면서 편리함을 가장한 불친절함을 뼛속 깊이 새기는 계기가 되어 재방문을 망설이게 되기도 한다. 고객과 소통이 되지 않는 관리자 편의 중심의 테크 서비스는 신중하게 적용해야 하는 이유다. 아날로그를 고수하는 브랜드들은 고객의 요구사항에 맞춘 개별화된 접근법으로 고객에게 친밀감을 느끼는 경험을 제공함으로써 타 브랜드와는 차별화된 만족도와 충성도를 높이는 데 그 목적이 있다. 아날로그 방식은 디지털 시스템 도입 및 사용료 등 비용을 절감시킬 수도 있고, 개인 보안의 문제점에서 벗어날 수 있는 장점도 있다. 개인 카페들은 직접 쓴 손 글씨나 캘리그라피로 pop 메뉴판을 만들어 부착하고, 직접 폴라로이드로 찍은 메뉴 사진들을 걸어두면서 인테리어 효과와 더불어 메뉴를 노출시켜 추가 매출이 일어날 수 있는 홍보의 도구로 사용하기도 한다. 이러한 접근법은 따뜻한 분위기에서 고객에게 친밀한 경험을 전달함으로써 브랜드에 대한 긍정적인 시그널을 각인시키는 효과가 있다. 운영상에 필요한 수기로 작성한 청소 매뉴얼, 업무일지 등은 누구나 빠르고 손쉽게 체크가 가능하며 한 번 더 확인시키는데 용이하다. 대기 명부 작성 후 줄을 서야 하는 식당은 지나가는 사람들에게 줄 서 있는 모습을 보여주면서 계속해서 대박집의 이미지를 굳혀 한 번쯤은 가보고 싶은 마음이 들도록 유도하는 효과가 있다.

매장에서는 브랜드의 성격에 맞는 아날로그 방식을 차용하면서 고려할 사항들이 있다. 아날로그를 사용하는 만큼 직원들의 고객과의 상호작용이 매우 중요하다. 직원들은 친절하고 명확한 서비스를 제공할 수 있도록 표준화된 교육이 병행되어야 한다. 또한 정기적인 피드백과 모니터링을 통해 서비스 품질 유지를 위한 관리를 소홀히 하지 말아야 한다. 메뉴판 작성 방식이나 번호표, 주문 및 결제 프로세서를 최대한 단순하게 간소화해서 업무 효율을 높여야 한다. 아날로그라고 해서 현장을 반영하지 못한 제대로 작성하지도 않는 수십 장의 문서와 체크리스트, 사용할 수 없는 매뉴얼 등이 존재하는 것은 무의미하다. 효과적인 아날로그 매장을 만드는 것은 결국 고객과의 소통이 최종 목표다.

제4장
내부고객도 내 고객임을 인지하기

가족 같은 직원은 없다
MZ 사장이라도 본인이 꼰대가 되는 마법
인복이 없다는 착각
작은 마음 살피기
나를 대신할 100% 아바타보다는 80%의 동료
피드백의 권한을 나누면 성과가 늘어난다.

가족 같은 직원은 없다

"혹시 우리 대표님 친인척인가요?" 회사에서 현장 근무를 할 때는 아침 일찍 출근해서 밤늦게까지 일하고 있으면 늘 들었던 얘기다. 친인척이 아니고서야 그리 열심히 할 수 없다는 전제가 깔려있다. 요즘처럼 워라밸이 이슈화되는 시기에는 더욱더 가족 같은 직원을 기대하기 어렵기 때문에 하는 질문들이다. 외식업에서는 매장에 머무르며 근무하는 시간이 타 업종 대비 상대적으로 많다 보니 잠자는 시간외에는 쭉 함께 있다고 해도 과언이 아니다. 접점시간이 많다 보니 대표 입장에서는 직원들의 행동 하나하나가 더 많이 노출될 수밖에 없고 장점보다는 단점이 보이며 그에 따른 요구사항이 늘어난다. 그 과정에서 가족 같은 회사를 운운하는 대표를 직원들 입장에서 기피 대상 1위 일수 밖에 없다. 가족 같은 조직이 필요하다면 정말 가족들로 조직을 채우면 된다.

워라벨를 강조한다는 것은 냉정하게 직원들 입장에서는 더 이상 이 조직에서는 재미도 없고 성장 동력도 없다고 느끼기 때문에 나는 돈 받는 만큼만 일을 하겠다고 선언하는 것으로도 해석된다. 그 선언을 그저 요즘 세대에 징징거림이나 주인의식 없으므로 몰아가서는 안 된다. 보통 매출이 안 나오면 먼저 손을 대는 것은 원가에서 큰 비중을 차지하는 인건비이다. 매장이 어려워진 경우 인원을 줄이거나 근무 시간을 조정하는 것은 불가피하다. 일부 대표들은 고통 분담의 차원에서 직원들에게 합의되지 않은 추가 근무를 요구하거나 휴무를 없애면서 어려운데 그 정도는 해줄 수 있는 것 아니냐며 직원들이 너무 이기적이라고 불만을 성토한다. 이 부분에서 가만히 생각해 봐야 한다. 대표의 목표도 매출이 잘 나와서 돈을 버는 것이라 직원을 채용한 것이고 직원들 역시 생계유지가 제일 큰 목적이다. 브랜드가 성공해서 얻어지는 여러 목적은 그다음 문제다. 직원스스로 조직이 어려울 때 돕는다고 하는 것도 결국 본인 시간과 체력을 투자하는 일이므로 충분한 합의와 보상이 이루어져야 하는 것은 당연하다. 어려운 상황에서 100%의 보상을 50~80%로 협의할 수는 있지만 보상 자체를 염두에 두지 않는 것은 대표가 생각을 바꾸어야 한다.

가장 이상적인 조직은 프로스포츠 같은 팀이 되는 것이다. 다양한 스펙과 역량을 가진 팀원들이 같은 목적을 가지고 가다 보면 상대팀에게 져서 눈물도 나오고 실망도 할 수 있다. 또는 엄청난 노력을 쏟아 부었음에도 본인이 가진 역량이 충분히 발휘되지 못했거나 경기에서 결정적인 실수로 팀 전체를 위기로 몰아갈 수도 있는데 나보다 성과가 좋거나 나쁘다고 해서 그 팀원을 음해하고 끌어내리면 그 팀은 좋은 성적이 나올 수가 없다. 실수를 만회할 방법을 찾고 역량을 발휘할 수 있도록 서로 돕고 상대의 전력을 파악하는데 의견을 모으는 건강한 두려움을 가져야 한다. 그저 우리는 가족이라는 대표 자신의 전제는 그저 이기적인 강요에 불과하므로 그 감정을 계속 주장하는 것은 마이너스 성장을 가져오는 원동력이 된다. 매장에서 일어나는 일련의 업무 과정 중 필요한 감정은 내가 맞으니 따르라는 것보다는 업무 목표에 반하는 문제점들의 개선을 위한 수용 가능성이 필요할 뿐이다. 무조건적인 예스맨이 아닌 발전적인 문제를 제기할 수 있는 환경을 조성하고, 최대한 감정을 배제한 체 담담하게 업무에 대한 협력 사항을 공유해야 한다. 공과 사를 구분한다는 것은 이처럼 솔직한 소통을 통해 업무가 개선되고 그 결과가 공유되며 직원들이 그로 인한 자부심을 느끼며 대표와는 심리적인 안정감이나 신뢰가 쌓이는 것이다. 개선된 업무에 대한 성과는 분명하게 인정해서 성취도를 올려주는 것이 가장 중요하다. 업무기여도에 따라 이 일 덕분에 매장에 이런 긍정적인 변화가 있었고 앞으로도 이 과정을 믿고 맡길 것이며 충분히 지지해 줄 것임을 표현해야 한다. 업무 기여도를 정확히 구분하고 제시하는 것은 성과에 따른 자기 존재감을 부각시킨다. 동기부여는 그저 목표하나를 던져준다고 해서 발현되는 것이 아니다. 흡사 바이오리듬처럼 잠시 반짝 할 수 있지만 그에 따른 환경이 뒷받침되지 않으면 그대로 사그라들 수 있다. 성과에 따른 자기 효능감을 느끼게 해주면 동기부여에서 그치지 않고 업무에 더 몰입해서 조직에 기여할 수 있는 모습으로 변화시킬 수 있다.

그저 몸이 부서지라 일해 주는 직원을 바라기보다는 항상 매장을 꼼꼼히 살피고 개선점을 찾고 해결점을 함께 적극적으로 제안하는 직원을 찾아내고 격려하며 성장할 수 있도록 도와야 한다. 직원들이 매장과 함께 성장하면서 재미를 찾고 결국 일하고 싶은 매장을 만들어야 하는 책임은 대표 본인에게 있다. 직원들이 워라벨을 조직 내에서 발견할 수 있는 환경을 만들 방법을 찾아야 한다. 직원 관리에 성공한 대표님을 찾아서 사례를 듣고 가능한 것부터 적용해 보는 것도 좋고, 항상 웃고 깔끔하게 외모 관리를 하며 자신감 있는 자세를 유지하자. 대표는 말 그대로 그 브랜드를 대변하는 이미지이다. 어려운 상황이 닥칠 때도 브랜드를 위한 책도 읽고 공부하는 모습을 보여주면서 문제해결을 스스로 고민하고 있다고 보여주면 직원들은 안정감을 얻는다. 뭔지 모르지만 잘 되어 가고 있다는 인상을 심어줘야 대표를 따르고 싶고 상의도 하고 싶은 법이다. 브레이크 타임에 직원들과 함께 낮잠 자는 대결을 펼치고 매장 뒤에서 직원들과 함께 유니폼을 입은 채로 담배를 피우며 이런저런 넋두리만을 털어놓거나 손님 없다고 매장에 멍하니 앉아서 핸드폰만 바라보는 대표를 보면서 과연 동기부여가 되겠는가? 지나가는 손님들은 어떻게 볼 것일까? 하나씩 문화를 만드는 모습을 지닌 리더가 되는 것이 가족을 바라기보다 그보다 더 밀도 있는 조직을 만들 수 있다.

MZ 사장이라도 본인이 꼰대가 되는 마법

세대 차이를 극명하게 설명한 단어가 '꼰대'일 것이다. 일반적으로 40~50대 이상의 세대와 10~20대의 젊은 세대 간의 격차를 표현하는 말이기도 하다. 기성세대가 기존의 가치관이나 문화를 강요하거나 지나온 경험을 과하게 포장해서 말하는 경우도 꼰대라고 부른다. 그런데 생각 차이가 있는 상황 모두를 꼰대로 뭉뚱그려 지칭할 때가 많다 보니 어감 자체가 거북스럽고 기성세대는 스스로 꼰대가 되지 않으려고 자가 검열까지 하면서 애쓰는 모습도 보인다.

늘 계산에 밝고 하고 싶은 말은 솔직하게 얘기하며 화를 내기보다는 논리적으로 토론을 즐기는 것이 장점인 MZ세대 젊은 대표님들이 늘고 있다. 작은 경험도 하나의 레퍼런스로 살려가면서 드러내기를 주저

하지 않고 매우 솔직한 그들의 강점은 여러 방면에서 굉장한 시너지를 내는 것은 분명하다. 어릴 때부터 노출되어 익숙해진 미디어를 통해 얻고 싶은 자료들은 얼마든지 찾아내고 응용할 수 있으며 더 이상 사람들을 거치지 않고도 얼마든지 간접경험이 가능하기 때문에 소통 채널 역시 필요한 창구만 합리적으로 사용하는 방법에도 능하다. 이러한 성향과 맞물려서 SNS 활용을 통해 브랜드 마케팅을 진행하거나 벤치마킹 후 접목하고 변형하는 감각도 상대적으로 좋다. 본인의 경험도 데이터에 기반하여 업무의 흐름을 유추하고 가능한 시행착오가 적고 효과적인 결과를 내고자 하는 태도도 무척 합리적이다. 하지만 본인이 가진 간접경험까지도 마치 그 경험이 증명된 것이라 믿고 그 일련의 모든 실행 과정이 합리적이라 믿는 것을 주의해야 한다. 간접경험은 책이나 매체 등을 통해 내가 공부한 지식일 뿐이다. 그 지식을 내가 실행한 후 시행착오를 거쳐야만 온전히 나만의 레퍼런스로 자리 잡을 수 있다. 지식이 실행과정의 지침서가 될 수는 있어도 외부 상황변화에 따른 결과는 모두 다르다는 것을 인지해야 한다. 꼰대는 여기에서 기인한다. 나이가 아니라 내가 아는 것이 곧 진리라는 생각이 지배하기 시작하면 그 세대가 누구든지 간에 꼰대가 될 수 있는 것이다. 학창 시절 공부를 잘했던 경우에 더욱 두드러진 꼰대의 특징이 나타난다. 학교는 사회에서의 가장 작은 단위로써 공부라는 도구가 가장 큰 힘을 발휘한다. 공부를 잘한다는 것은 그만큼의 에너지와 시간을 투영하고 좋은 결과를 내기 위해 하고 싶은 것들을 참고 인내해야 한다. 다각도의 사고를 키우고 주변인들과의 유대관계를 연습하는 사회의 축약판이다. 그러므로 그 시절 상황의 모든 사회생활을 접목하기엔 무리가 따를 수밖에 없으나 사람은 본인이 경험한 툴이 반복적인 성과를 가져오면 그 툴을 절대적으로 믿을 수밖에 없다.

처음이자 마지막으로 계약금을 토해내고 컨설팅을 중단하려고 생각했던 건이 있었다. 꽤 비싼 임대료를 지급해야 하는 위치에 임대계약을 이미 진행하고 오픈까지 불과 2달도 채 남지 않는 상황에서 지인의 부탁으로 기획을 제외하고 한 파트만 메뉴 개발 및 교육을 담당하기로 하고 계약했다. 상권의 특성상 줄을 세울 수 있는 곳에 있지도 않았고 메뉴 역시 대표님의 구상이 이미 너무 확고해서 바꿀 수도 없는 상황이었다. 여러 우려가 되는 상황이긴 했지만, 지인의 간곡한 부탁도 있었고 매장오픈이 기한 안에 이루어지지 않으면 임대료 지출에 대한 타격치가 너무 커서 최대한 원하는 방향을 맞춰서 개발 일정을 잡았다. 서른이 채 되지 않는 대표님은 해외 유수 대학에서 유학을 마친 수재였다. 굉장히 총명해서 사안을 받아들이고 처음부터 깊이 있게 파고들어 업무 파악을 하는 것에 능숙했다. 처음에는 비교적 순조롭게 진행되는 듯 하다 결정적인 브레이크가 걸리기 시작했다. 조직원들 간의 공조가 전혀 이루어지지 않았다. 의사결정 사항의 최종은 대표님이 해주시나 그 과정에서 여러 의견들이 전혀 반영되지 않았고 스스로 판단한 기준만이 맞는다고 판단했다. 기준을 잡고 결정하는 문제가 아니라 대표가 내린 지시 사항을 수행한 결과도 순식간에 뒤집히기 일쑤였다. 그 결과 조직원들 모두 무척 수동적이었고 어차피 해도 대표님 마음대로 할 거라며 굳이 먼저 나서서 일을 하려고 들지 않았다. 우리 팀과도 시장 상황을 반영해서 건의한 메뉴들이 결국에 결정되지 않았다. 대표님 본인이 유학 시절 맛있게 먹었던 크림치즈 가득했던 빵을 한국 고객에게 가성비있게 전달하고 싶어 하는 방향성은 강남 한복판 가장 비싼 땅덩이 가운데 언덕 저위까지 가서 줄을 서고 먹을 수 있어야 하는데 고객의 니즈와 전혀 맞지 않았다. 가성비를 제시하시면서 판매하고자 하는 메뉴 가격은 기준원가조차 나오질 않았다. 그 유학 당시 먹었던 메뉴를 20대가 사진을 찍고 40대가 지갑을 열게 하겠다는 목표 역시 욕심일 뿐이었다.

메뉴를 구상할 때는 누구에게 판매할 것인지 타깃을 잡는 것이 기본이라는 것쯤은 상식선으로 알고 있었다. 그렇다면 유학 당시 먹었던 메뉴를 먹고 싶은 사람은 누구일까? 유학을 다녀와서 그 지역에 대한 추억이 그리운 사람, 그 지역에 유학을 동경해서 그 공간 안에서 감성을 느끼고 싶은 사람도 포함된다. 지금의 대표 본인의 경험을 현재 대한민국의 40대가 그리워하거나 공감하기는 쉽지 않다. 대표님은 40대도 한 개를 다 먹을 수 있도록 당도를 낮추고 크림치즈의 느끼한 맛을 좀 더 담백하게 바꿔 달라는 요구대로 메뉴가 개발되긴 했으나 단순히 메뉴의 맛을 업그레이드한다고 해서 타깃 고객이 바뀔 수는 없다. 어쩌다 한

번 지나는 길에 들러 먹을 수는 있을지 몰라도 그 역시 가시성이 뛰어나 거나 오피스 상권 역세권 인근에 있어서 계속 눈에 띌 때 얘기다. 예를 들어 과일이 아무리 건강에 좋다 한들 요즘 유행하는 탕후루를 자녀의 부탁으로 사줄 수는 있어도 40대가 찾아가서 줄 서서 구입하고 길에 다니면서 먹는다는 건 매우 드문 일이다. 메뉴 개발 후 교육에서도 업무분장이 계속 바뀌면서 의사결정에도 혼돈이 오기 시작했고 대표님이 메뉴를 배우고 동선도 같이 잡겠다고 나섰다. 물론 그런 자세는 너무 좋지만 일단 기본세팅의 경우 이미 성업 중인 매장이나 비슷한 메뉴를 판매하는 매장의 동선을 참고해서 기물을 배치하고 그에 따른 메뉴도 함께 교육이 되어야 효과적인 매장 운영에 도움을 줄 수 있다. 하지만 처음부터 대표님이 세팅하고자 하는 품목들이 먼저 자리를 잡게 되면서 정작 메뉴 제조에 필요한 것들이 우선순위에서 밀리기 시작했다. 메뉴 맛 역시 여러 차례 관능검사를 진행했음에도 대표님 본인의 입맛으로만 결정되었다. 결과적으로 대표님이 원하는 방향만을 고집하며 고객을 위한 준비를 완성시키지 못한 채로 오픈 준비 기간만 늘어났다. 설득의 설득을 거쳐 메뉴를 완성하고 원가분석, 운영 매뉴얼까지 완성해 드리긴 했으나 운영 자체가 원활하지 못한 상태에서 마무리해야 했다. 진행 과정 내내 우리 팀도 너무 큰 스트레스와 에너지 소모가 많았던 건이어서 우스갯소리로 이젠 그 누구도 다 맞출 수 있겠다는 말들도 오갔다. 우리 팀이 신은 아니므로 무조건 우리를 따라야 성공한다는 공식은 없지만 계약을 한 이유는 단 하나다. 그간의 경험을 잘 녹여 시행착오를 줄이고 최고의 성과를 만들어 내겠다는 목표가 같기 때문이다. 오래된 경험이라고 해서 새로운 이론으로 마냥 덮을 수만은 없다. 본인이 가진 새로운 지식과 경험만이 합리적이고 믿을 수 있는 진리라고 착각하는 순간 MZ세대일지라도 꼰대가 되는 것은 한순간이다. 꼰대는 신체적인 나이가 문제가 아니라 생각을 얼마나 유연하게 사고하느냐에 달려있다. 기존의 가치관은 무조건 낡은 사고라 폄하하고 남보다 우월한 자신의 노력이 가져온 성공의 결과만을 굳게 믿고, 갖은 쿨한 척을 하며 주변의 의견을 묵살하면서 상대방의 침묵을 유도하는 것은 꼰대력을 장착하는 지름길이다. '과거 라떼는 말이야~' 로 시작해서 그 경험만이 우선시되는 자신만의 성공담은 그저 자의식 과잉에서 비롯된 자기최면일 뿐이며 지금의 상황에 만족하지 못함으로 오는 추억팔이에서 벗어나야 하는 것이다. 굳이 많고 많은 매력 중에서 꼰대력까지 장착하기보다는 객관적인 눈으로 나를 바라보면서 나만의 길을 만들어 가는 것이 필요하다.

인복이 없다는 착각

"집이 어딘가요? 학교는 어디 나왔어요? 그 교육은 들었어요? 그 모임에는 누구누구가 있는데 그 대표님 몰라요? 아, 외식업에 있으면서 그분 모르면 쓰나? 대한민국에서 사업을 하면서 그리 좁은 시야면 되겠어요?"

인맥이 좋으면 두 다리 건너 대통령도 만나겠다는 우스갯소리가 마냥 웃을 얘기는 아닌듯하다. 학연, 지연을 넘어 처가는 어디에 사는지까지 지난주 어딜 지나가다 그 동네를 봤는데 거기에 살았었냐까지 묻고 가다 보면 미팅 전 호구조사에 지쳐버릴 때가 종종 있다. 물론 첫 만남에서 어색한 분위기를 부드럽게 하기 위해 동질성을 찾느라 묻는 가벼운 질문에 지나지 않을 수 있지만, 도를 넘어 없는 개연성을 억지로 끌어다 붙일 때는 사실 불편하기도 하고 과연 이런 질문과 대답을 하다 보면 친해지긴 하는 건지 업무에 도움이 되는 건지 잘 모르겠다. 심지어 다음에 만나면 또 똑같은 질문이 오고가고 제대로 기억하지 못하면 미안하기까지 하지만 상대도 마찬가지인 경우도 많다. 별 의미도 없는 질문들은 자연히 기억을 못하는 경우도 많은데 그러면 친해지지 않았다거나 중요도에서 미뤄졌다고 서운해하기도 한다. 게다가 담배를 피우지 않다보니 미팅 중에 함께 나가서 담배를 피우며 이런저런 얘기를 나누는 다른 대표들을 덩그러니 보고 있자면 소외감마저 들어 이제라도 담배를 배워야 하나 싶을 때도 있었다. 왠지 그 자리에 끼지 않으면 그들끼리의 담배 연기로 맺은 유대감 속에 중요한 정보가 있을 것만 같고 그 정보를 나만 모르게 되는 건 아닐까 싶은 생각이 들기도 한다. 흔히 주변에 사람이 많고 도와주는 사람들이 좀 있으면 인복이 많다는 얘기들을 한다. 최근 외식업도 공부하는 분들이 늘어나면서 교육도 꽤 많아졌다. 그 속에서 많은 사람들이 교류하면서 정보를 나누기도 하고 비즈니스로 연결되어 시너지를 내는 경우도 많다. 사실 배움 자체보다는 인맥을 만들려는 목적으로 교육을 듣는 분들도 많다. 목적이 어찌 되었든 간에 내 브랜드를 고도화시키기 위한 노력으로 많은 분들이 공부를 시작하고 실행하려 노력하는 모습들은 환영할 만한 일이다. 이렇게 형성된 인맥들은 꽤 큰 영향력을 행사한다. 규모가 크고 기수별로 관리가 잘된 교육의 경우 수료한 수료생들끼리의 연대가 매우 끈끈해서 서로 비즈니스 연계성을 크게 가진다. 상대적으로 그런 교육을 받을 시간적 물리적 여력이 없는 대표님들은 뭔가 뒤처진다거나 막상 필요할 때 도움을 받을 사람이 없을까 봐 걱정하며 상담 때 이런저런 조건의 파트너를 소개해달라는 요청을 많이 받는다. 당연히 내 힘이 닿는 한 사업 파트너, 학연을 통틀어 도움이 될 만한 분들을 연결시켜 드린다.

사실 성과를 내는 것을 목적으로 하는 비즈니스는 꼭 인맥을 형성하지 않더라도 파트너를 찾는 것은 어렵지 않다. 대부분 검증된 파트너를 찾기 위해 소개를 주고받기는 하지만, 그 파트너가 나한테도 잘 맞으리라는 보장은 없다. 누구와 파트너쉽을 형성하더라도 내가 준비되어 있지 않으면 그 어떤 좋은 파트너라도 만족할 성과를 낼 수는 없다. 끈끈하기로 소문난 교육 수료생 인맥이 서로 파벌을 형성해서 다른 교육을 들은 사람들을 폄하하는 것도 모자라 교육 내용까지 서로 모방했다거나 별로 들을 내용이 없는 하찮은 내용이라고 뒷말하면서 눈살을 찌푸리게 하는 사례도 있다. 교육은 모든 것이 다 창조로 올 수는 없다. 모르는 것은 배우면 되고 알던 내용은 다시금 상기해서 기존의 이론과 경험을 바탕으로 각자의 상황에 맞게 재해석하고 실행하면 그만이다. 그게 누가 더 훌륭한지 내가 누구한테 배웠으니 그게 정통이라는 식의 흑백논리는 사이비교주를 믿고 따르는 것과 크게 다르지 않다.

본인에게 인맥이 없다고 생각하면 우선 자신의 내실을 다지는 것을 시작하면 된다. 떡볶이가 좋아서 전국 맛집을 찾아다니는 모임을 만들고 그 모임장을 하면서 얻은 레퍼런스를 시작으로 프랜차이즈에 대성공을 이룬 대표님, 꾸준히 블로그에 기록을 남겨가면서 매장의 문제점을 찾아 개선하고 그 과정을 고객과 소통하면서 오히려 코로나 때 최고 매출을 찍은 대표님, 고객을 대접하는 마음으로 매장에서 정장을 차려 입고 고객에게 서비스를 제공해서 고객들에게 사진 찍자는 요청을 받으며 그 성공 사례를 세바시에서 강의까지 하신 대표님, 이 분들의 공통점은 각자 본인이 할 수 있는 것들을 매장에서 묵묵히 실행하면서 결과를 만든다는 것이다. 그분들의 스토리 안에 인맥은 없다. 단지 자신을 믿고 함께 움직여 준 조직원들에 대한 감사만이 있을 뿐이다. 이분들 역시 좋은 비즈니스 파트너가 함께 하겠지만 그보다 본인이 먼저 좋은 인맥이 되기를 자처한다는 것이 특징이다. 누군가 날 찾아줄 때까지 내 분야에서 꾸준히 공부하고 실행하고 최고가 되기를 주저하지 않는 노력들이 내가 인맥을 찾느라 시간을 쓰는 것보다 훨씬 중요한 일이다. 인맥이 없다고 걱정할 것이 아니라 사람들이 날 찾아 헤맬 수 있는 경쟁력을 갖춰 내가 먼저 좋은 인맥이 되어야 한다.

작은 마음 살피기

서비스의 최종 수혜자는 당연히 고객이지만 나에게 가장 첫 번째 고객은 직원이다. 대표는 브랜드를 운영하기 위해 급여를 비용으로 지출하고 직원은 생계와 본인의 가치창조를 위해 일을 해서 소득을 얻게 되는 구조로써 서로에게 필요한 재화를 맞바꾸는 상생의 관계다. 누구나 아는 이 간단한 경제논리를 효과적으로 이용하기 위해서 고객과 맞닿은 1차 내부 고객인 직원을 살피는 일을 소홀히 해서는 안 된다. 직원입장에서 애사심을 가지고 가족 같은 마음으로 일을 하게 만들겠다는 것이 목표가 될 수는 없다. 애초에 주인이 아니므로 주인처럼 일을 할 수 없을뿐더러 인력난이 심한 외식업에서 애사심까지 바라는 것도 무리수인 현실이다. 그럼에도 불구하고 대표와 같은 마음으로 고객을 바라볼 수 있는 직원을 좀 더 나은 환경에서 일할 수 있도록 돕고 그로 인한 성과를 도출하도록 설계하는 것은 대표의 몫이다.

대표들이 가장 많이 현실을 깨닫게 되는 시점이 직원들이 내 뒷담화하는 것을 들었을 때라고 한다. 본인은 그래도 잘해준다고 애썼는데도 불구하고 왜들 그렇게 내 맘을 몰라주느냐며 서운해 하신다. 반찬도 신경써가며 식사 준비도 해주고 명절에 선물도 주고 여름에 더우니 아이스크림도 사다 주는 등 간식도 챙기면서 세세하게 신경 쓴다고 하는데도 왜 불만인지 모르겠다며 서운함을 넘어 화를 낸다. 그렇지만 직원 입장에서 생각해 보면 그런 신경 씀이 그렇게까지 고마운 부분이 아닐 수 있다. 밥도 명절선물도 힘든 날 간식도 그저 일을 더 힘내서 열심히 하라는 시그널일 뿐 우리 사장님이 날 위해 엄청난 배려를 하고 있구나~, 정말 더 힘내서 일해야지! 라고 생각할 동기부여까지는 아니란 말이다. 일대일 미팅도 해보고, 조회를 해봐도 포지션에 따른 직원 살핌이 진행되지 않는다면 별반 도움이 되지 않는다는 거다. 일단 알바의 경우 목적이 다르다. 단시간에 필요에 따라 돈을 벌러 온 사람이기 때문에 돈이 가장 큰 동기부여다. 다른 곳보다 10% 정도를 더 준다고 생각하고 차라리 인력 구인 및 면접 보는 시간을 아끼는 것이 효과적이다. 같은 시간 일하고 돈을 더 많이 주면 그걸로 끝이다. 그 외 다른 것은 바라지 말고 더 이상 마음을 읽어주는 에너지도 크게 들이지 말아야 한다. 물론 그중 잘하고 동기부여까지 되는 소위 싹수가 보이는 친구들은 진지하게 면담해 보고 직원으로 전환시킬 수 있다. 그 외 매장 정직원, 매니저, 점장급 들은 사실 애초에 뽑을 때부터 각자 직급에 맞는 성향을 보는 것이 중요하지만 잠깐의 면접 시간 안에 그 성향을 다 읽어낼 수는 없는 일이다.

직원들에게는 매장의 현실 파악을 위해 정기 회의를 통해 현재 매장 상황을 전달해서 1인당 얼마 정도의 매출을 일으켜야 유지가 되는지 데이터를 기반으로 단순 계산을 해서라도 알려줄 필요는 있다. 맹목적인 매출만 가지고는 직원들만 힘들게 일을 하고 그 외 대표가 불합리하게 많은 이득을 가져가고 있다고 생각하기 쉽다. 그들에게 정확한 상황과 직원들의 업무분장과 더불어 대표는 어떤 일을 하는 중인지를 전달해서 배울 것이 있는 대표 밑에서 성과를 내고 성취감을 느낄 수 있는 환경을 제공해야 한다. 그렇다면 지분이나 매출에 따른 인센티브를 주겠다고 생각하시는 분들도 있는데 이는 매우 신중하게 생각해야 한다. 지분의 경우 직원들 간의 위화감을 조성하거나 오히려 과한 욕심이 매장 매뉴얼이 아닌 본인의 생각대로 움직이려 할 수도 있다. 본인이 지분이 생겼으니, 권한에 대한 발언권이 커지는 것이다. 인센티브의 경우도 매출에 따라 얼마를 주겠다는 확신이 서면 정확히 고지하고 약속은 반드시 지켜줘야 한다. 하지만 대부분 기분에 따라 매출이 좋으니 얼마를 봉투에 담아주는 방식을 사용하면 이내 호의를 권리로 받게 되므로 일을 열심히 했음에도 매출이 나오지 않을 때가 반복되면 더 이상 일을 열심히 하지 않으려 하거나 그런데도 인센티브를 주지 못하는 상황에 불만을 가지기도 한다. 정확한 목표제시에 따른 자기효능감과 성취가 나타나지 않으면 큰 효과가 지속되기 어렵다는 것이다. 직원들의 사회적 공감 능력이 다 다르다. 마음을 다독여야 하는 사람도 있고 작은 일이라도 달성했을 때 칭찬을 받는 것이 더 좋은 사람도 있다. 일률적인 베풂의 행동으로 반응이 없다는 것에 서운해 할 필요가 없다. 매장은 일을 하는 곳이고 직원이든 대표든 간에 함께 해야 할 목표가 늘 우선이어야 한다. 앞서 언급했던 업무별 스케줄, 체크리스트들을 세분화하고 그에 따른 성과에 대한 인정이 시스템으로 자리 잡으면 직원들 스스로 움직일 수 있는 매장을 만들 수 있다. 시간은 걸릴 수 있고 계속해서 직원들에게 상처받을 수도 있으며 그들을 어떻게 보듬어야 할지도 끊임없이 고민하게 되겠지만 직원들의 작은 마음들은 각자의 목표가 맞아떨어지면 해결될 수 있다. 그 안에서 직원들 못지않게 맘을 다치고 있는 대표 자신의 마음부터 다독이자. 부모와 자식 간도 아닌데 내가 너무 마음을 다 주고 혼자 상처받고 있지는 않은지 반대로 너무 많은 욕심을 드러내면서 직원들을 마치 소모품처럼 대하며 스스로 외롭다고 괴로워하고 있는 것은 아닌지 말이다.

나를 대신할 100% 아바타보다는 80%의 동료

"아, 나 같은 놈 하나만 더 있었으면 지금보다 훨씬 많은 매장을 오픈했을 겁니다."

매장 여러 개를 관리하는 대표님들이 한결같이 하는 말이다. 대표의 아바타 같은 직원이 각각의 매장에 한 명씩 배치되어 척척 손발이 맞아들어간다면 그것이야말로 가장 환상적인 시스템이다. 직원 중 한 명 정도는 잘 키워두면 내가 가려는 방향성을 함께 고민해서 문제점도 제시해 주고 개선점도 척척 내어놓으면서 매장에 바로 적용할 수 있을 것으로 생각한다. 그에 따른 성과도 바로 도출되면서 매장은 점점 더 발전하는 모습으로 바뀔 것이라는 꿈을 꾸면서 창업을 했을 것이다. 하지만, 현실적으로 그런 직원을 만나기가 쉽지 않다 보니 컨설팅을 의뢰하면서 매장의 여러 방향성을 함께 의논하고 대표님의 고민을 잘 들어주는 나에게 입사 제안을 하는 대표님들이 종종 계시다. 내가 하는 일 자체가 대표님의 입장에 서서 최대한의 성과가 나올 수 있도록 같이 도와드리는 것이지만 직원들은 나처럼 호응을 해줄 수가 없다. 나의 사업을 해야 하는 이유와 목표를 말씀드리면서 진심으로 같이 일을 하자고 제안하시는 분들의 손을 정중히 거절한다. 처음부터 직원에게 화를 내거나 실망하고 싶은 대표는 아무도 없다. 열심히 일하는 만큼 성과급도 주고 의욕이 넘치게 재밌게 일하고 돈도 많이 벌어 베푸는 꿈을 가지고 시작하지만 애초에 꿈이라고 생각하는 편이 나을 정도로 대표 마음에 드는 직원 하나 만나기가 하늘의 별 따기라고들 푸념하다가 결국 하나둘 가족들과 조인하시는 분들도 많다. 가족이라고 다 맞을까? 물론 대를 이어온 가족이 합심해서 잘하시는 분들도 계시지만 오히려 늘 편한 관계이다 보니 말도 거르지 않고 하다가 감정이 더 상하기도 하고 믿거니 하고 맡기다 보면 일방적으로 일이 한쪽으로 치우치기도 해서 불만이 쌓이다 터지는 경우도 많다. 그래서 어지간해서는 가족하고 동업하지 말라고들 입을 모은다.

직원과 함께 성장하는 매장을 만들 방법은 기대치를 현실 가능하게 조정함으로 인해서 100%의 나 같은 아바타 직원을 만들려고 애쓸 것이 아니라 80%의 목표를 명확하게 수행하는 동료를 여럿 만드는 것이다. 그 동료들이 작은 목표를 세우고 그것을 완결할 수 있도록 성과지표를 세워줘야 한다.

월 매출 1,000만 원 성장의 목표는 언뜻 보면 명확해 보이지만 직원들 입장에서는 굉장히 모호하고 너무 큰 목표로 인식되어 부담스러워 시작도 하기 전에 포기하기 쉽다. 그보다는 1,000만 원의 매출을 만들기 위해 어떻게 해야 하는지 세부사항을 함께 논의하고 결정한 사항을 당장 매출에 영향을 미치지 않더라도 실행완결에 의미를 두고 진행해야 한다. 한 달 1,000만 원을 영업 일수 26일 기준으로 나눈다고 생각해보자. 하루에 약 385,000원의 매출이 추가되어야하고, 매장의 평균 객단가가 15,000원 정도임을 고려하면 대략 하루에 25개 정도의 추가 판매가 이루어져야 한다. 이에 맞춰 직원들 개개인이 신메뉴 up-selling을 통해 하루에 5개 더 판매해 보기, 화장실 및 매장 점검 횟수 1회 늘리고 청소하기, 매일 고객 관찰 후 불편 사항 3개씩 듣고 개선하고 공유하기 등 작지만 당장 실행 가능한 목표들이 지켜질 때마다 칭찬을 해주고 정규 매뉴얼 등에도 반영해 본다. 그로 인한 자기 성취감을 맞본 직원들이 반복적인 성과를 내준다면 큰 목표를 예상보다 빨리 달성할 수 있다. 비록 매출1,000만 원이 달성되지 않는다 해도 그 목표를 향해 함께 실행하는 습관을 만드는 것이 장기적인 관점에서 훨씬 효과적이다. 학교에서 전교20등 올리기라는 목표를 정해두고 그게 이루어지지 않으면 실패다. 하지만 하루에 30분씩 공부하기. 문제집 3장 풀기 정도는 성공할 수 있다. 성적을 올리는 목적은 같아도 완결의 의미를 놓고 보자면 후자가 작은 성취감을 통해 큰 목표에 도달할 수 있는 확률을 높여주고 반복되는 작은 성취로 인한 자아효능감이 높아진다. 결과적으로 어떤 일이든 세부적으로 쪼개서 단계별로 실행할 수 있는 능력을 키워줄 수 있다. 매장에서도 대표가 고되게 운영해서 지금의 모습을 만들어 올 때까지 마음가짐을 직원에게 기대하지 말아야 한다. 대표 본인의 것이니까 당연히 내 영혼을 담아서 할 수 있는 거다. 그러니 동기 자체가 다른 직원이 당연히 나 같은 아바타가 될 수 없다. 80%의 동료인 직원이 맘 놓고 뛸 수 있는 운동장은 내가 만들어줘야 한다. 잔디도 심고 돌도 치워주고 푸릇한 잔디에서 잘 달려서 나와 함께 결승전에 도달할 수 있는 동료를 키워내는 것이 내가 성장하는 길의 초석이다. 매일 일어나는 일상의 일들을 하찮게 여기지 않고 그 안에서의 의미를 찾고 더 나은 방향을 찾아 각자 할 수 있는 일부터 차근히 수행하는 자세를 갖춘 직원이라면 아바타는 아닐지라도 앞으로 나와 함께 오랫동안 같이 할 수 있는 동료로서 큰 재산으로 남을 것이다.

피드백의 권한을 나누면 성과가 늘어난다

직장을 그만두는 여러 이유 중 가장 많이 언급되는 사항은 일의 피드백을 제대로 주지 않아서 요구했던 바와 다른 결과가 도출되는 일이 잦다, 이에 따른 성과가 나오지 않으므로 성취감이 저하된다 등이다. 피드백이라 하면 흔히 업무보고를 통해 잘못된 부분을 지적하고 수정해 가는 과정으로만 한정짓는 것으로 착각하기 쉽다. 업무를 진행하는데 단점을 수정함보다 지속적인 소통으로 업무상 오류를 막는 것이 피드백의 가장 중요한 역할이다. 매장에서도 수없이 많은 전달 사항이 일어난다. 식자재 수.발주 확인부터 시작해서 각종 기물에 대한 변동 사항 체크며 업체 간의 결재문제, 고객 컴플레인 관련 해결 사항, 매장설비보수 관련 사항, 직원 근태 사항 등 음식을 만들고 고객에게 제공하기 위한 기본적인 사항 외에도 체크해야 할 사항이 수두룩하다. 운영매뉴얼을 만들어 체크하는 방법을 사용하더라도 해당 담당자는 중간 중간 피드백하고 최종적인 결과는 대표나 최종 결정권자에게 보고되어 진행 여부가 확인되어야 업무가 완결된다. 매뉴얼대로 움직이는 직원들일지라도 그렇게 수행했을 때 가져오는 긍정적 변화가 체감되지 않으면 그 매뉴얼을 지킬 이유가 없어진다. 피드백은 반드시 각각의 업무분장별로 책임자를 지정하고 진행 상황의 최종 결과가 책임자에게 집중되도록 해야 한다.

매장을 총괄하는 사람에게는 직원근태관리, 운영 매뉴얼교육, 시설관리, 업체 관리 등에 대한 최종 소통 창구가 되어야 한다. 모든 사항은 총괄 담당이 알고 있어야 하며 직원들 역시 소통 창구가 하나임을 인지시켜야 불필요한 소통의 오류를 방지한다. 이때 일상 업무와 동시에 다양한 업무를 한사람에게 집중하다 보면 집중력이 떨어지거나 업무과부화로 효율이 떨어질 수 있다. 그래서 업무분장을 세분화해서 중간 피드백해 주고 사안별 권한을 나눠줘야 한다. 보통 주방에서는 주방 실장이 식재료 재고관리를 하고 물품 발주를 하게 한다. 이때 홀에서는 매니저가 홀에서 필요한 물품은 체크해서 전달한다. 매일 도착한 발주 품목을 점검하고 점장이나 대표에게 보고한다. 보고를 받은 사람은 평균치로 적정하게 발주했는지 품목별로 가격을 얼마나 변동되었는지 불필요한 물품은 없는지 최근 더 자주 발주하게 되는 품목과 그 이유는 무엇인지를 파악해야 한다. 발주를 담당하는 주방 실장에게는 식자재 및 공산품 주문 사항에 대해서는 총괄책임자와 소통해서 불필요한 낭비를 줄이되 메뉴 품질이 떨어지지 않도록 재고관리를 함에 권한과 책임이 주어진다. 또한 직원근태, 휴무일 설정, 직원의 개인사 관련한 인사관리는 점장이 확인하고 정리해서 대표에게 보고해야 한다. "이 날 쉰다는데 어쩌죠?"가 아니라 "이 날은 A가 병원 가는 날이라 휴무를 바꾸었으니 업무상 차질은 없습니다."라는 피드백이 와야 한다. 대표는 왜 말도 없이 휴무를 바꿨느냐 논할 필요가 없다. 점장에게 이미 해당 사항을 위임하고 매장 영업에 문제가 없도록 스케줄이 짜인다면 해당 책임은 다한 것이다. 직원들에게는 업무분장에 대한 공지가 이루어지고 소통 창구는 해당 담당에게 있음을 명확하게 인지시켜야 문제가 생겼을 때 서로 책임회피를 하면서 정작 해결하지 못하는 상황을 방지할 수 있다. 각자 업무별 책임만 주어지고 결정 권한이 없어지면 결국 다 대표본인의 일이 되고 업무과부화로 일은 늦춰질 수밖에 없다. 대표가 꼼꼼한 성격으로 일일이 발주하고 아침에 식자재 체크와 업체 연락, 직원들 근태 챙기기, 일대일 미팅까지 진행한다면 정작 해야 할 영업 준비와 고객 응대에 에너지를 쓸 수 없다. 권한을 가졌다 할지라도 최종결정권자 또는 대표에게는 중간보고를 반드시 할 수 있도록 교육한다. 권한을 준 업무의 경우 중간 피드백이 없으면 잘못된 방향이라도 최종 결과가 나올 때까지 수정을 하지 못하는 경우가 생기면서 영업에 큰 타격을 주기도 한다. 특히나 매장에서 고객 의견을 받고 개선하는 일의 총괄은 보통 점장이 수행하게 되는데 단골손님이 오실 때 음료수 서비스를 해도 되는지까지 점장이 대표한테 매번 묻고 있거나, 정작 빨리 해결해야 하는 고객 컴플레인은 공유가 되지 않고 있다면 심각해진다. 매뉴얼에 여러 서비스 사항에 대한 명시를 해두고 점장 교육을 통해 가벼운 사안이라면 매뉴얼대로 응대해서 결과만 보고하도록 해도 충분하다. 하지만, 고객이 매장에서 다쳤다거나 주차하다가 사고가 났다거나 메뉴나 서비스의 심각한 컴플레인이 발생한 중대사안은 빨리 대표에게 보고 후 조처를 해야 한다. 점장 혼자만의 생각으로 섣부르게 판단한 응대는 고객에게도 우리 매장에도 큰 상처를 남길 수 있으므로 발 빠른 대처가 우선이다. 직원들에게 피드백에 대해 교육을 시킬 때도 반드시 구체적으로 설명하도록 하는 교육하는 것이 핵심이다. "요즘 손님들이 반찬을 좀 남겨요."보다는 "최근 일주일간 잔반량을 체크해 보니 나물무침이 50% 이상 남습니다. 고객들에게 물어보니 우리 메뉴랑 안 맞아 잘 안 먹게 된다는 의견이 많았습니다. 나물보다는 젓갈로 바꿔보면 어떨까요?"의 식으로 문제 제기와 해결 방안제시가 동시에 이루어지는 것이 가장 좋은 피드백 방식이다. 대표의 경우도 "너 맨날 이렇게 늦냐?"보다는 "A는 지난주에 15~20분씩 3회 지각하는 바람에 그 시간만큼 업무 공백이 생기고 다른 직원들이 일을 대신하게 되면서 불공평하다고 생각하거나 A씨가 열심히 일을 해도 불성실하다 느낄 수 있다. 이제부터는 제시간에 출근해야 한다."라고 사실에 근거해서 본인 행동이 어떤 파장을 일으키고 앞으로 어떻게 교정되어야 하는지를 명확하고 상세히 일러줘야 한다. 피드백을 주고받는 것은 업무상 서로 간의 지적을 하자는 게 아니라 원활한 소통을 기반으로 업무적 성과를 높이자는데 목적이 있다. 소통의 방식을 조금씩만 바꾸어도 대표와 직원들 간에 신뢰를 쌓는데 훨씬 수월해진다. 어렵지만 어떻게 하겠는가? 내 매장의 발전을 책임져 주는 직원들과의 소통에 인색하지 말자.

제5장 매출의 10%는 경험에 투자하자

맛집 탐방을 많이 하면 이상한 메뉴가 나온다
쪽박집을 분석하는 습관
나를 키우는 경험을 먼저
드러나지 않은 대박집 대표들은 뭘 하고 있을까?
월500만 벌면 된다는 초심
참기름과 향미유는 구분할 줄 아는가?

맛집 탐방을 많이 하면 이상한 메뉴가 나온다

창업하려고 마음을 먹고 아이템을 선정하고 나면 제일 먼저 어떤 것을 해야 할까? 아마도 벤치마킹을 먼저 시작하려 할 것이다. 매장을 오픈함에 있어 필요한 지식을 얻기 위해서 성공매장을 보는 것만큼 좋은 공부는 없기 때문이다. 이론과 경험이 만나 시너지를 내기 위한 필수적인 방법이다. 그 공부의 방법 중 하나는 벤치마킹이다. 기본지식이나 소양이 필요하진 않으나 누구나 하려는 의지만 있으면 실행하기 쉽고 적절한 적용은 큰 효과를 얻을 수도 있다. 또한 일반적인 이론 공부에 비해 투자 시간을 짧지만 빠른 적용이 가능하다. 벤치마킹하는 방법에서도 설명했지만 다니는 것보다 다녀와서 정리하고 정작 내 매장에 필요한 사항만 적용하는 것이 의외로 어려운 부분이다.

A씨가 라면을 판매하기로 하고 벤치마킹 후 메뉴를 선정했던 방법을 살펴보자. 라면 맛집을 쭉 다니다 보니 콩나물을 넣은 해장라면이 불티나게 팔리는 것을 보고 해장라면을 기획한다. 그 후 북어를 넣은 곳을 보니 역시 해장은 북어라는 생각에 북어를 첨가한다. 여러 곳에서 계란은 꼭 넣으니 계란도 첨가하고 시원한 맛을 위해 김치도 넣는다. 로제 메뉴들이 학교 앞에서 유명해서 메뉴에 추가하고. 요즘 치즈가 유행이니 치즈라면, 라면에 찰떡인 김밥도 넣고, 라면에 김치 대신 특별함을 더하고 싶어서 설렁탕집 섞박지를 제공하기로 하면서 직접 담그는 방식이 어필되는 매장을 보고 매일 섞박지를 직접 담기로 한다. 라볶이에 불고기를 올려주는 걸 따라 하고, 해물을 넣는 즉석떡볶이도 따라 하면서 그에 따른 토핑도 종류별로 넣어 추가하기로 했다. 집게와 가위 통을 제공하고 앞치마, 냅킨 등 소모품도 브랜드명을 넣어 제작하고 인건비를 줄이기 위해 키오스크와 서빙 로봇을 사용하기로 했다. 자! 어떤가? 벤치마킹 다니면서 장점을 총집합시켰다. 이 글을 읽으면서 설마라고 생각하겠지만 초기 창업자들이 가장 먼저 하는 실수이다.

일단 메뉴부터 짚어보자면 콩나물, 북어, 김치를 다 넣으면 맛은 그냥 김치 라면이 된다. 김치로 모든 맛을 다 덮을 수밖에 없다. 콩나물, 북어에서 멈췄어야 했다. 메뉴는 각 특징을 살린 하나만 특화하는 편이 조리하기도 편하고 맛도 장점만 살릴 수 있다. 메뉴구성은 유행하는 품목을 전부 집합시켰으니 식재료 발주량이 너무 많고 재고관리도 어렵다. 탕

집에서는 김치나 깍두기가 중요하지만, 라면집에서는 중요도가 상대적으로 적다. 비중 작은 김치를 매장에서 직접 담는 수고로움까지 애초에 시작하지 말아야 한다. 프랜차이즈의 경우 처음부터 브랜드 세팅과 관련한 소모품 등을 일괄적으로 발주하겠지만 개인 매장의 경우 첫 오픈부터 얼마큼 나갈지도 모르는 초도물량의 소모품 제작 역시 재고비용이므로 처음엔 우선 메뉴 구성을 간단하고 전문화한 맛과 서비스에 집중하는 것이 중요하다. 자리가 잡히면 그때 가서 제작해도 늦지 않는다. 키오스크와 서빙 로봇 역시 모든 인건비를 절감해주지 않는다. 고객층과 상권에 따라 테이블별 서빙 형태와 키오스크 주문 시 직원 관여도 등을 고려해서 사용 여부를 판단하지 않으면 인건비와 머신 사용료가 이중 비용으로 지출된다.

오피스 상권에서 점심 메뉴로 스테디셀러는 국밥이다. 빠른 회전율과 든든한 한 끼를 비교적 부담 없는 가격으로 먹을 수 있는 메뉴이기 때문이다. 교대역 쪽 얼마 전 오픈한 곰탕집에서 탕과 함께 나오는 밥은 누런색이었다. 예쁜 노란색이 아니라 전기밥솥에 오래두면 나오는 색이며 냄새도 그렇다. 어제 한 밥을 내놓나 싶어 직원에게 물으니 점장이 직접 친절하게 저항성 전분 밥이라고 설명했다. 저항성 전분 밥이란 밥을 해서 냉장으로 보관하면 소화효소에 분해되지 않고 저항성 성질을 가지는 전분으로 바뀌어 혈당 관리에 도움이 된다고 알려져 있다. 이러한 효능을 매장 입구에도 정성스레 적어서 부착해 두었다. 이 역시 많은 벤치마킹과 매스컴에서 학습된 방향성일 것이다. 그런데 과연 혈당 관리를 신경 쓰는 고객이 굳이 이 밥 때문에 국밥을 선택할 것인가? 자고로 국밥은 김이 모락모락 나는 고슬고슬한 하얀 쌀밥을 국물에 말아 국물에 풀린 약간의 전분과 함께 후루룩후루룩 먹어야 제 맛이다. 국물 맛이 배인 갓 지은 쌀밥이야말로 국밥과는 찰떡궁합이다. 그래서 국밥집과 탕 집에서는 솥 밥까지 제공하면서 밥에 신경을 많이 쓴다. 쌀이 밥이 되는 과정은 '호화'이지만, 밥이 밥솥에서 오랜 시간 있으면 '노화'가 진행되어 냄새가 나고 맛이 없다. 그런데 저항성 전분 밥이라며 전날 해서 식혔다가 다시 밥솥에서 데워 누렇게 변한 밥을 돈을 내고 먹고 싶은 고객은 없다. 너무나 친절한 직원들과 깔끔한 매장 분위기를 갖췄음에도 점심피크시간대에 손님이 없었다. 고객에게 서빙마다 일일이 저항성전분 밥에 관해 설명하는 점장이 너무 안쓰럽기까지 했다. 나오면서 밥을 바꿔보심 어떨까요? 오지랖을 부려볼까 싶다가 점장의 자부심이 너무 확고해 보여 그냥 나왔다. 과연 그 매장은 언제까지 살아남을 수 있을까?

벤치마킹으로 맛집 탐방을 하다 보면 정말 세상에는 선수들이 많다는 것을 깨닫기도 하고 이 정도는 나도 얼마든지 가능하겠다는 생각에 장점을 흡수하느라 맘이 바빠진다. 하지만 장점을 모두 이어 붙이기보다는 욕심을 내려놓고 내 브랜드에 최적화해 중심이 되는 메뉴와 시스템을 걸러서 적용해야 한다. 모든 장점을 다 가져다 넣으면 이른바 프랑

켄슈타인 메뉴를 탄생하게 된다. 더하기보다는 버리기를 선택하고 1~2가지 특화된 메뉴에 집중하는 것이 벤치마킹을 똑똑한 결과로 증명하게 만드는 것이다.

쪽박집을 분석하는 습관

길거리를 다니다 보면 직업상 습관적으로 간판을 보고 매장 안을 보게 된다. 기웃기웃 줄 서는 가게들은 쓱 다가가서 손님들 얘기를 들어보기도 하고 손님이 없는 매장들은 밖에 서서 메뉴판, 매장 파사드, 움직이는 직원들의 모습도 살펴보게 된다. 사람들이 찾아가는 대박집 중에는 그다지 위생적이지도 않고 직원들도 불친절하고 음식도 그저 그런 것 같은데도 줄을 선다. 그 이유를 찾기 위해 여러 번 방문해서 음식도 먹어보고 그 중 장점을 찾아보려 눈에 불을 켜지만 대부분 쪽박집에 대한 분석은 잘 안 한다. 그래도 우리가 외식하러 가는 집들은 대박집이라고 입소문이 난 곳을 검색하거나 소개받아서 가기 때문에 설사 내 입맛에 맞지 않을 수는 있지만 기본 장사는 되는 곳에 가기 마련이다. 그러니 우리가 보는 곳은 그래도 장사가 좀 되는 매장들이다. 그러니 그 매장들을 거울삼아 본인이 오픈하면 당연히 그 정도는 되겠지 하는 거다. 하지만 실제로 자영업의 신규사업자 대비 폐업율은 국세청 자료 기준 20년 60.6%, 21년 63.1%, 22년 66.2%로 매년 증가하는 추세이고 이는 100명 중 67명이 망한다는 얘기다. 물론 창업자 입장에서는 그 67명 안에 내가 속한다고 생각하는 사람은 없다는 것이 함정이다.

매장 오픈을 준비하면서 벤치마킹도 많이 다니고 맛이 부족한 부분도 열심히 배우거나 때로는 고가의 비용을 지출하면서까지 기술 전수도 받고 운영 방식도 잘 배워왔다면 바로 대박이 나야 하는 것이 순리지만 누가 운영하느냐 어느 상권이냐 등 여러 변수에 따라 매장의 흥망성쇠는 예측이 힘들다. 기본이 갖추어졌더라도 오히려 안 되는 식당에 가서 일해 보면서 왜 안 되는 건지, 안 될 때 대표는 어떤 행동을 하고 있는지, 내가 이 가게 대표라면 어떻게 살려볼 것인지 고민하고 실행해 볼 수 있다. 음식과 서비스에는 대표의 마음가짐이 고스란히 나타나기 마련이다. 이전에 잘되었다가도 어느 순간 나태해지면 음식에 그대로 드러나게 되고 고객은 금세 알아차리고 발길을 끊기 마련이다. 쪽박집 대표의 경우 좌절해 있을 확률이 높으므로 직원이 직접 제안하고 함께 방안을 강구한다면 반가울 수밖에 없다. 고객이 들지 않는 매장은 인기척이 없기 때문에 마치 상갓집마냥 분위기가 가라앉아 스산하기까지 하다. 직원들끼리라도 열심히 할 수 있는 분위기라도 만들고 한 명이라도 고객이 방문하면 지속적인 피드백을 받아봐야 한다. 그냥 맛있었느냐 물으면 대부분 사람들은 '예~예~맛있어요.' 하며 대강 대답하고 만다. "오늘 국물 맛은 어떠셨어요? 반찬이랑은 궁합이 맞는 거 같나요? 식사는 편하셨나요? 매장이 춥지는 않으셨나요?" 등등 고객이 불편하지 않는 선에서 가볍지만 구체적인 질문과 답을 차곡차곡 피드백 받아서 기록하고 직원들과 공유하다 보면 원인을 찾고 어떻게 해결할 것인지 서서히 방안을 찾아낼 수 있다. 오픈 전 실전경험이 그래서 중요하다는 것이다. 막상 머릿속에 가지고 있던 것을 현장에서 풀어냈을 때 결과가 나쁘다면 그 손해는 이만저만이 아닐 것이다. 정작 대박집은 기본 노하우로 그들만의 정교한 시스템을 가지고 움직이고 있으므로 현장에서 바로 벤치마킹할 수 있어도 하루하루 너무 바쁘기 때문에 그 노하우를 찾아내기도 쉽지만은 않다. 설사 그 노하우를 다 전달한들 경험이 없다면 다 소화하기도 어렵다. A부터 Z까지 모든 사항을 구상하고 시작하면 다 잘 될 것이라고 생각하면서 준비기간을 너무 오래가져 가기 보다는 기본 기획을 잡은 다음 바로 실전에서 경험해 보는 것이 훨씬 중요하다. 머릿속에 있는 나의 대박집 로드맵이 실전에서 얼마나 부질없고 현실감각이 없는 것인지를 내 매장 오픈해서 깨달으면 너무 많은 시간과 비용을 허비하게 될 수도 있다. 최대한 많은 변수를 경험하면서 내 맷집을 키워놓자. 그 맷집이 내 매장에서만큼은 쓰러지지 않는 기초체력으로써 힘을 발휘할 것이다.

나를 키우는 경험을 먼저

과거에는 그저 생계의 수단으로만 여겨져 교육이나 공부의 필요성을 그다지 느끼지 못했던 외식업 대표들이 최근에는 여러 강의를 듣고 블로그에 글을 쓰고 독서모임을 하는 등 공부에 매진하는 모습들이 많이 보인다. 요즘 유튜버와 작가, 강사로 활동하는 유명한 개그맨이기도 한 외식업대표는 매일 아침 5시 도서관에 가서 책을 읽는다고 한다. 또한 성공 확언을 통해 변화된 인생사에 대해 강의하고 그 영상은 큰 인기를 얻고 있다. 나도 그에 관한 꽤 많은 영상을 보면서 그의 삶에 대한 자세와 노력, 열정에 큰 감동을 받았다. 그의 말에 따르면 새벽 그 시간에 도서관에 가면 우리나라에서 제일 좋은 차들이 즐비하게 늘어서 있다고 한다. 차의 등급으로 사람의 수준을 판단할 수는 없지만 그만큼 성공한 사람들일수록 독서를 게을리하지 않고 시간을 쪼개가면서 끊임없는 노력을 한다는 것을 시사한다.

생계형으로 시작된 창업이 맛과 서비스가 보장되고 여러 가지 상황이 맞아가면서 장사가 잘될 수는 있지만 본인이 그간 경험한 반경 안에서만 영업하다가 한계점에 부딪치기 쉽다. 처음엔 장사가 잘되어서 대박집이 되는 것이 목표였지만, 대박집이 되면 전수창업이나 프랜차이즈로 확장을 고려하게 된다. 그렇다면 대박집은 대박집대로 프랜차이즈는 사업영역대로 공부가 절대적으로 필요하다. 상권에 대한 이해도부터 브랜드의 방향성도 사업 방향성에 맞게 마련해야 하고 사업 확장을 위한 매뉴얼 관련 사항도 준비해야 한다. 직원이 늘어나면서 인사 노무에 대한 배경지식도 쌓아야 하고, 매출이 늘어감과 동시에 손익을 분석하고 세금 관련 내용도 파악할 줄 알아야 한다. 머리 아프다고 미뤄둘 일이 아니라 전부 내가 사업을 확장함에 당연히 축적해야 하는 내 지식인 것이다. 필요한 공부로 인식되면 학교에 다닐 때는 지독히도 하기 싫었던 공부였을지라도 지금은 스펀지처럼 흡수하기 쉬워지고 그만큼 성장도 빨라지게 된다. 교육도 여러 곳에서 비교하며 받다 보면 모르는 내용을 알아가며 이를 접목했을 때 바뀔 매장을 그려보는 것도 큰 동기부여가 된다. 아는 내용은 다시 한 번 상기시키면서 내가 적용하지 못한 부분을 찾아가는 재미도 알게 된다.

교육 듣는 것이 힘들다면 외식업 근황을 알려주는 잡지를 구독한다거나 여러 채널이 발행하는 레터링 서비스라도 활용해서 내가 관련 없는 분야의 뉴스라도 읽고 흐름을 파악하려 노력해야 한다. 읽다 보면 내가 가려는 비슷한 방향성으로 가고 있는 브랜드들이 있을 것이다. 그 브랜드에 대한 기사를 하나씩 찾아 읽어보는 것도 방향성 설립과 점검에 큰 도움이 된다. 나의 경우 불필요한 SNS 피드는 다 지우고 내가 필요한 카테고리별로 나눠 랜덤 피드가 뜨도록 한다. 무의식중에 여는 상관 없는 피드들로 시간 낭비를 막기 위해서다. 그리고 궁금한 사항은 반드시 메일을 보내거나 전화해서 물어보고 기록해 두는 편이다. 다른 필요한 업체들도 표시해 두었다가 스크랩을 통해 필요할 때 연락해 볼 레퍼런스를 만들어두기 위함이다. 컨설팅 시 간단한 사항들은 주변에 이런저런 경로로 소개를 받아 정작 필요한 사항을 정 때문에 부탁이나 컴플레인을 못하니 오히려 오픈된 채널을 통해 연락해서 새로운 거래처를 발굴하는 것이 더 나은 경우도 많다.

외식업에 관련된 강의를 들을 때는 카테고리를 나눠서 상권분석, 운영, 직원 관리 등 여러 사람의 내용을 비교해서 듣다 보면 중심점이 생길 것이다. 공통적으로 강조하는 부분이 무엇인지 본인들의 실패담 중 나와 닮은 것은 없는지 등을 찾아보는 것이다. 그 후 적용할 수 있는 사항은 반드시 빠른 시일 안에 매장에 적용해서 확인 해본다. 지금 당장 적용이 안 될 것 같으면 메모라도 해둬야 한다. 강의에서 제시한 사례와 더불어 앞으로 나는 이렇게 해보겠다는 구상이라도 적어놔야 나중에 써먹을 수 있고 그래야 강의를 듣는 의미가 있다. 강의를 들어서 내가 단지 알고만 있는 사항을 실행하고 있다고 착각하지 않도록 경계해야 한다.

종일 일을 하는데 굳이 쉬는 시간까지 일에 대한 자기계발을 하고 싶지 않다면, 독서나 언어 공부도 좋다. 독서는 머리 식히는 용도로 읽으면서 독서량을 늘리는 기반으로 삼아도 되고, 사색이 필요한 책을 읽으면서 생각 능력을 키우는 것도 방법이다. 혼자 읽기 힘들다면 직원들과 공유해서 업무 시작 전 10분 동안 함께 책 읽기 등을 실천하거나 독서 모임 등을 통해 다양한 생각을 접하는 것도 해볼 만하다. 많은 성공한 CEO들이 책을 손에서 놓지 않는다는 것은 그만큼 독서에서 오는 창조적인 힘이 강력하다는 것을 알 수 있다. 내 매장이 외국인이 자주 방문한다면 가볍게라도 외국어 공부를 하는 것도 추천한다. 꼭 원어민 수준으로 유창한 발음을 연습하라는 것이 아니다. 그저 반가운 인사와 메뉴를 소개하고 피드백을 받을 수 있을 정도의 공부만 해둬도 외국인 고객에게 써먹고 난 후 샘솟는 자부심은 실로 대단해진다. 당연히 직원들에게도 훌륭한 본보기가 될 수 있다는 것은 덤이다. 앞으로도 내가 해나가야 할 일이지만 지치거나 매너리즘에 빠지는 경우가 다반사이고 그때마다 나를 끌어올리려 다독거리는 것도 한계가 있다. 조금 덜 지치게 하고 흔들리지 않도록 하는 이러한 노력이 모여 스스로 크는 법을 터득하게 만들어 준다. 차곡차곡 나 스스로를 채우는 것과 동시에 숨 쉴 수 있

는 틈을 만드는 것이 내가 걸어가는 길에 나에게 해야 하는 가장 값진

투자다.

드러나지 않는 대박집 대표들은 뭘 하고 있을까?

비즈니스를 하면서 나는 골프를 치지 않는다. 아직 그럴 짬밥이 되어 있지 않다고 생각하기도 하고 별 흥미도 없다. 그런데 상담 하다보면 마치 초등학교를 못 마친 사람인양 여태껏 골프도 안치고 뭐했냐? 그래서 어디 비즈니스 하겠냐? 치기 시작하면 머리 올려주겠다 등 때로는 듣기 민망하기까지 한 얘기들을 꽤 듣는다. 굳이 여러 반론을 제기할 분위기는 아니므로 그저 웃으며 " 네~ 그럼, 머리 올려주실 번호표 뽑아드릴게요. 871번입니다." 정도의 농담으로 넘기고 만다. 만약 앞으로 골프를 치지 않으면 사업확장에도 악영향을 끼치는 건 아닐지 싶은 불안감이 살짝 스칠 때도 있긴 하지만 그만큼 외식 비즈니스에서도 골프가 중요한 매개체로 자리 잡고 있다는 뜻일 것이다.

외식업 대표들이 모이는 많은 모임들도 존재한다. 세미나를 하는 경우도 있고 단순히 침목이나 맛집 탐방 등 다양한 형태가 있다. 이런 모임들을 보면 강연을 열심히 듣고 실행하려는 분들도 있지만 단순히 영업을 목적으로 여기저기 명함을 돌리며 인사만 하느라 급급한 분들도 있다. 목적성이 사람마다 다르기 때문에 무엇이 맞다 틀리다로 논할 수는 없다. 그 안에서 서로 비즈니스에 도움이 되는 매체들을 소개해주기도 하고 정보교환과 더불어 협업이 진행되기도 하며 소모임이 형성되어 운동도 같이 하고 봉사도 하는 등 순기능도 많다.

최근 기획을 잘하기로 이름난 선수들의 레퍼런스들은 업계관계자나 기사를 통해 누구와 누가 손잡아서 이런 매장이 탄생했다, 어떤 브랜드가 인테리어 기획전문 업체 어디에 얼마를 썼다, 매출 올리는 것으로 유명한 사진은 어느 업체에서 얼마에 찍었다 등 대략적인 정보 정도는 파악할 수 있고 브랜드 창업스토리도 알 수 있다. 그런데 가만히 들여다보면 알짜 대박집 중 누구인지 궁금함만 자아내고 공식적인 자리에서는 절대 얼굴을 드러내지 않는 대표들도 있다. 강남 라인 고기와 면을 테마로 한 여러 매장을 다양한 시각으로 풀어내는 브랜드가 있다. 프랜차이즈 형태가 아닌 각각의 단일 브랜드 직영 형태로 시장을 확장해 가는 곳인데 대표가 잘 나서지 않는다. 다만 인플루언서 출신이고 고기 유통에 경력이 깊고 다양한 커뮤니티를 활용해서 수익률 좋은 알짜브랜드를 하나씩 오픈하는 것으로 알려져 있다. 대표본인이 커뮤니티를 효율적으로 관리하는 달인이 되어있으므로 브랜드가 오픈하면 그를 중심으로 한 인플루언서들이 가장 먼저 활동을 시작하면서 해당 브랜드가 빨리 자리 잡을 수 있도록 돕는다. 또한 외식업으로 상상할 수 없을 정도의 부를 축적해서 자영업의 성공한 바이블로 유명한 베스트셀러작가는 얼굴을 노출하지 않는 채 강의하고 꾸준히 글을 쓰면서 자영업자들에게 소위 '뼈 때리는' 조언으로 유명세를 떨친다. 늘 상위에 링크되는 그의 책에서 많은 자영업자들이 큰 인사이트를 줄 뿐 아니라 일반 대중에게도 인기를 큰 인기를 얻고 있다. 이들 대표의 경우 외부 활동보다는 본인이 경험을 바탕으로 한 강점에 집중해서 사업을 전개하고 성공했다. 모임을 나가거나 골프를 치거나 얼굴을 드러내지 않거나 모두 성향의 문제이고 사업에 도움이 되는 쪽으로 행동하기 나름이므로 아무것도 하지 않는 것보다는 훨씬 나은 선택임에는 분명하다. 하지만 걱정되는 부분은 이른 성공에 도취해서 도박, 외제 차, 골프 등에 심취해서 마치 그렇게 하지 않는 사람들이 마치 모자란 바보인 듯 취급하는 부류가 있다. 나에게 골프도 못 치냐며 핀잔을 주던 분 역시 내부 운영매뉴얼도 제대로 갖춰지지 않아서 지친 직원들이 몇 달을 못가서 그만두기로 유명했다. 단시간 내에 꽤 많은 가맹점을 오픈했지만, 내부적으로 지원을 해주지 못하다 보니 외형적으로는 가맹점이 개설되어도 막상 뒤로는 가맹 해지가 줄을 잇는다고 퇴사직원이 토로했다. 확인해 보면 한참 노출이 잦던 랜딩 페이지마저 잘 보이질 않는다. 외식업도 이직률이 높기 때문에 퇴직한 직원 등을 통해 관리가 소홀한 브랜드들의 평판이 금방 퍼지지도 한다. 이런 경우 구직은 더욱더 힘들어질 수밖에 없다. 지금 그 대표의 경우 당장 골프와 각종 비즈니스 모임을 중단하고 내실을 다지는 것으로 눈을 돌려야 한다. 무너진 내부 시스템을 정비해서 레시피 및 운영매뉴얼을 만들고 인건비를 추가로 책정해서 실력 있는 직원을 채용해서 브랜드가 더 이상 망가지는 것을 막아야 한다. 그동안 그 브랜드를 키우기 위해 썼던 열정을 다시 쏟아 붓지 않으면 브랜드 하나 망가지는 것은 한순간이다. 무분별하게 확장하는 브랜드는 모래성 위의 집일뿐이다. 표면적인 매장 숫자보다는 단 하나라도 똘똘하게 영업이익으로 증명하는 매장으로 키우는 것이 우선이다.

　외부에 드러내지 않는 대표들의 경우 다소 느린 속도로 확장인 듯 보이지만 그 지역대표 맛집으로 오랫동안 조용하고 탄탄하게 커가며 단단한 뿌리를 내린다. 절대적으로 필요한 노출 외에는 오롯이 사업 자체에 집중하기 때문에 결과가 좋은 것이다. 사업의 꿈이 좋은 차를 타거나 골프를 얼마나 잘 치는지 또는 그저 숫자상의 매출이나 가맹점 수로 판단될 수 없다. 사업을 하면서 꾸는 여러 가지 꿈들은 상징적인 이미지로 남겨두고 스스로 세운 방향성과 그에 따른 구체적인 목표의 수정을 거듭하며 노력하다 보면 어느새 조용히 성공한 대박집 대표들에게 근접해 가는 자신을 발견할 수 있을 것이다.

월 500만 벌면 된다는 초심

"우리가 알아서 할 테니 손 떼주세요." 얼마 전 기사 제목이다. 유명 외식업 대표가 고향 지역을 살리겠다고 추진한 사업이 정작 방문한 고객들에게 잦은 컴플레인이 발생하게 되어 이런저런 해결 방안을 제시했으나 타성에 젖은 상인들이 알아서 할 테니 이제 손을 떼라면서 했던 얘기다. 결국은 여러 잡음과 타협 끝에 지금은 상가를 사들이기까지 하면서 다시 돕기로 방향 선회가 되었지만 기사를 보는 내내 마음이 참 쓸쓸했다. 개량 사업 초반에는 구세주를 만난 듯 어느 것이든 시키는 대로 다 바꿔 보겠다고 하다가 장사가 좀 되니까 외식업에서 가장 중요해야 하는 위생, 메뉴 품질에 관련한 개선점을 지적하는 건 듣기 싫은 거다. 그간 시장에서 잔뼈가 굵고 오랜 시간을 생계의 터전으로 삼고 장사를 해왔지만, 마트와 온라인시장에 밀리다 보니 특화된 사업을 적용하는 시점이고 그 안에는 싫어도 꼭 개선해야 하는 과제들도 존재한다. 하지만 마치 호의가 권리인 듯 행동하는 모습들이 이해되지는 않는다. 같은 예로 폐업 위기에 처한 매장들을 회생시키는 프로그램들에서도 마찬가지다. 처음엔 눈물을 쏟아내면서 도움을 청하다가 개선 후 막상 장사가 잘되면 예전으로 돌아가서 맛도 서비스도 엉망인 경우가 꽤 많았다. 참 맥 빠지기도 하고 사람의 관성과 망각 사이에서 안타까운 일이기도 하다. 상담 때에도 이 매장에서 목표가 어떤 거냐고 물으면 그저 다 빼고 500만 벌면 소원이 없겠다는 얘기를 가장 많이 한다. 신기한 건 5억을 투자한 대표나 1억을 투자한 대표나 똑같이 500 얘기를 한다. 아마도 대한민국에서 3~4인 가족 생활비 기준을 막연하게나마 500만 원 정도로 측정해서일 것이다. 본인의 수익금이 그 정도 되려면 기본 손익계산서라도 뽑아서 직원 인건비, 제반 비용 모두를 제하고 수익을 가져갈 건지, 본인의 인건비를 추가로 책정해 둘 것인지 구분해보고 인원배치와 업무분장을 해야 하는데 무조건 500이다. 메뉴 기획자이면서도 회계경력이 10년이다 보니 또 그냥 못 넘어가고 예상 손익계산서부터 뽑고 분석결과를 설명하게 된다. 기본 매출이 얼마나 나와야 하고 그 매출을 내기 위해 메인메뉴 가격 기준으로 금액으로는 얼마의 매출을 올려야 하고, 객단가 기준으로 몇 개를 팔아야 하는지를 넣어보면 금방 당황스러워하기도 하고 할 만 하다고 생각해서 눈이 반짝이기도 한다. 예상시뮬

레이션은 예상일 뿐 막상 영업을 시작하면 그 최소 매출조차도 얼마나 힘겹게 일궈내야 가능한 것인지 잘 모른다. 메뉴부터 서비스, 상권, 마케팅 등 여러 사항이 맞아떨어져서 소위 대박이 나면 대표님의 성품도 비로소 바닥까지 드러나기 시작한다. 바쁘다고 인상 쓰고 짜증내면서 직원들에게는 물러버린 야채조차 음식으로 다 만들게 지시하고 청소나 위생은 이미 달나라로 보낸 후 그저 하루하루 돈으로 보이는 손님을 상대하느라 내가 왜 이러고 있는지 모르겠다고 하소연하던 대표와는 상담하고 주방점검 후 메뉴개선을 의뢰하는 계약을 하지 않았던 적이 있다. 그 정도로 기본소양이 되어있지 않으면 메뉴 몇 개 넣는다고 달라지지 않을 것임이 너무 훤히 보였다. 나도 비즈니스 레퍼런스를 만들어 가는데 성과가 나지 않을게 뻔하고 개선 의지가 전혀 보이지 않는 대표와의 일은 맡고 싶지 않은 것이 솔직한 심정이다. 컨설팅을 하는 이유는 나를 통해 발전되고 매출이 오르며 성장하는 매장을 보는 것이 너무 행복해서이다. 그래서 상담 시간도 몇 시간은 기본이고 심할 경우 필요한 경우 며칠의 시간을 써가면서 진단하고 최대한의 오차를 줄이려고 애쓴다. 외식업의 특성상 영업시간 이외에 메뉴 개발 및 교육 등이 이루어져야 하므로 밤늦은 시간은 물론이거니와 새벽까지 일을 하는 것을 전혀 두려워하지 않는다. 몸을 사리지 않다 보니 한 건이 마무리될 때마다 한의원을 달고 산다. 그만큼 여전히 내 업을 너무 사랑하고 앞으로도 계속 보람을 느끼면서 이 사업을 이어가기 위해서라도 기본조차 지키지 못할 사람까지 내가 껴안고 갈 수는 없다고 판단한다. 육아 프로그램에서 나오는 금쪽이가 외식업에도 존재하고 '감정은 읽어주되 행동은 통제하라'는 진리가 가장 정답에 가깝다고 생각한다. 현장에서 힘들고 지치지만 그렇게 지치도록 찾아주는 고객을 얼마나 목마르게 기다렸던가? 식재료 하나하나 직접 장을 보며 손질하고, 수백 번 수천 번 맛을 보면서 정성껏 메뉴를 만들고 그 음식을 맛볼 손님을 기다렸다가 맛있게 먹었다는 한마디에 하루 피로가 녹아내렸던 기억, 첫 목표매출을 달성했을 때 직원들과 치킨에 맥주 한잔으로 소박한 회식을 하면서 앞으로 잘해보자며 어깨 두드려가며 서로 응원하고, 정말 잘해보리라 다짐하면서 잠들었던 날들, 한 번쯤은 겪었던 뿌듯한 기억들이 모여 오늘의 맛집으로 자리 잡게 만든 원동력이다. 설사 잠시 초심을 잃었더라도 다시금 마음을 고쳐먹고 다시 한 번 뛸 준비를 하고 본인 역시 마음을 다하는 태도를 갖춘 사람들과 함께 일하고 싶다. 그래야 나도 역시 초심을 붙들고 함께 성장할 수 있다.

참기름과 향미유는 구분할 줄 아는가?

깨소금은 깨를 빻아서 소금처럼 작게 만들어 둔 형태를 말한다. 미리 빻아두면 지방 성분이 쉽게 산패되기 때문에 먹기 직전에 갈아 사용하는 것이 가장 고소하고 건강하게 먹을 수 있다. 일식 돈가스 매장에서도 미니 깨 갈이에 통깨가 담겨 나오고, 한식에 고명으로 쓸 때를 제외하고는 나물을 무치거나 양념장에 넣을 때도 바로 빻아서 넣는 것이 고소한 풍미를 최대치로 살릴 수 있다. 요리강의를 할 때 깨소금을 넣으라고 하면 초보자들은 깨와 소금을 섞느냐고 질문하는 경우도 있었다. 초보자들의 경우 명확한 명칭과 쓰임새를 모를 수도 있다. 그런데 외식업을 하는 사람들은 메뉴 개발에 앞서 식재료에 대한 이해도는 꼭 필요하다. 내가 만드는 메뉴가 어떤 식재료로 만들어지는지 제철 재료가 아닐 때는 대체제로 변경 가능한지부터 파악이 되어야 한다. 메뉴별 식재료들이 4계절 내내 수급이 안정적인지도 매우 중요하게 체크할 사항이다. 우리나라는 계절별로 식재료 가격 차이가 상당히 크게 나타나기 때문에 구입이 어렵고 편차가 심한 식재료 사용은 신중해야 한다. 식재료 못지않게 중요한 양념류의 경우 꽃소금, 설탕 정도는 제조사별 품질 차이가 거의 없으나 천일염은 간수를 뺐는지 아닌지에 따라 김치맛이 써지기도 하고 쉽게 변하기도 한다. 간장과 된장, 고추장도 제조사별로 맛의 특성이 다르다. 흔히 조림과 양념류로 사용하는 간장의 경우도 양조간장, 진간장 등 종류가 다양하고 제조사별로 맛도 풍미도 다르다. 된장의 경우 찌개용인지 양념용으로 사용할지에 따라 된장 알갱이, 당도, 풍미 등을 고려해서 선택해야 한다. 고추장 역시 매운맛과 당도가 제각각이므로 우리 메뉴와 최적인 제품을 찾아야 한다. 메뉴 개발 시 필히 제품명을 기재해야하는 이유다. 개발은 A 제품으로 하고 실제 판매용 메뉴에는 B 제품을 사용하는 것은 아무 의미가 없다. 참기름의 경우 국산과 수입으로 나눠지고 참깨 함유량에 따라 가격도 천차만별이다. 특히 업소용으로 나오는 참기름의 경우 향미유인 경우가 많으니 꼭 우리 메뉴에 어느 정도의 기여도가 있는지를 파악하고 사용해야 한다. 향미유는 말 그대로 참기름 향이 나는 기름이다. 제품마다 100% 참기름을 섞은 것도 있고 일반 기름에 참기름 향을 입힌 100% 가짜 기름인 경우도 있다. 만약 나물을 고루 넣은 비빔밥 매장을 운영한다고 하면 참기름의 역할이 매우 중요하다. 꼭 국산이 아니라도 100% 참기름을 사용하면 당연히 맛이 좋다. 비빔밥의 경우 밥과 나물, 고추장을 넣어 비벼 먹기 때문에 비빌 때 사용하는 참기름 풍미가 큰 역할을 하게 된다. 나물무침의 경우 향미유를 써보면 여운이 남는 고소한 맛이 아닌 느끼한 기름 맛만 남게 되고 나물은 끝맛이 써진다. 아무리 좋은 참기름을 쓴다 해도 유통기한이 지나거나 너무 오래 꺼내둬서 산패된 기름을 사용하는 것도 안 된다. 산패된 기름은 건강에도 좋지 못할뿐더러 맛깔나는 양념장에 산패된 참기름의 기름에 쩐 냄새와 변질된 맛으로 음식을 망치는 집도 꽤 많이 있음으로 수시로 참기름의 품질 점검은 필수다. 무작정 업소용을 구입해서 사용할 것이 아니라 제품별로 원제품을 다 먹어보고 음식에 넣었을 때 맛도 구분해 보면서 어떤 제품이 더 유용한지 반드시 확인해보고, 메모로 정리해 두어야 신메뉴 출시나 기존메뉴 리뉴얼할 때도 유용하게 사용할 수 있다. 그런데 대부분 대표님이 원가만을 생각해서 무조건 업소용 제품들을 제조사도 신경 쓰지 않은 채 매번 다른 제품을 사용한다. 이러면 당연히 표준화된 메뉴 맛이 유지할 수 없다. 소량일 때는 큰 영향을 미치지 못할 수 있어도 대량조리의 경우 맛에 큰 차이를 가져온다. 아무리 레시피를 정교하게 만든다고 할지라도 제품을 혼용해서 제대로 사용하지 않으면 기껏 힘들게 만든 레시피조차도 제 역활을 하지 못해 표준화에 실패하게 되는 것이다.

매장 하나를 운영하는 데 신경써야 할 것이 이렇게 많은지 지레 겁먹을 필요는 없다. 단지 메뉴에 대한 맛과 서비스를 기본으로 대표자신이 리더로써 기본역량들을 갖추고 유지할 때 성과는 분명 다르게 나타난다는 것을 잊으면 안 된다. 기본역량을 갖추는 과정들을 앞서 설명한 내용들이 존재할 뿐이므로 초심대로 실천해나가면 된다. 흔히들 건강과 다이어트를 위해 운동을 해야 하는 것은 잘 알고 있지만 막상 시간이 없어서 하지 못한다고들 한다. 하지만 건강을 위해서는 필수적으로 하루에 운동하는 시간을 강제로 내야 한다. 대표 자신도 강제로 매출의 10% 정도는 재투자해야한다. 마음먹고 그것이 꼭 금전적인 투자가 아닐지라도 시간을 쪼개어서라도 스스로 발전할 수 있는 여지를 제공해야 하는 것이다. 지금 사용하는 10%의 노력과 시간이 복리로 작용하기 시작하면 투자 대비 훨씬 더 큰 시너지로 되돌아와 자신도 눈부시게 반짝이는 모습을 확인할 수 있을 것이다.

제6장
고객이 기억하는 이야기를 만드는 방법

오픈발이 일주일도 못 가요
고객이 소문낼 수 있는 키워드 추출하기
제발 지인에게 묻지 말자.
내 브랜드 이미지와 메뉴에 관한 일기부터 써보자.
이야기의 주인공은 내부고객-직원으로부터 시작이다.
믹스&매치는 내 장점과 고객의 니즈의 결합

오픈발이 일주일도 못 가요

키다리 풍선이 나부끼고 큰 음악 소리로 오픈을 알리는 개업식을 못 본 지 꽤 되었다. 게다가 새로 오픈하면 3개월 정도는 오픈발로 매출이 버텨준다는 얘기도 어느덧 호랑이 담배 피우던 시절의 얘기가 되어버렸다. 마케팅업체에 큰 비용을 투영한 브랜드의 경우 이미 오픈 당일 리뷰가 몇백 개씩 달리고 아이템에 따라 흐름이 맞아떨어지면 오픈 런으로 줄을 서는 맛집들이 속속 등장하고 있다. 각 브랜드마다 차별성이 갖춰지고 마케팅의 효과가 제대로 먹힌 브랜드의 경우 계속해서 승승장구하게 된다. 하지만, 이런 사례는 극히 일부에 지나지 않고 오픈발이 일주일도 못 간다는 호소가 가장 많다. 오픈발이 3개월쯤 간다는 풍문은 그래도 준비를 잘한 매장일 때 가능했다. 그저 장사하겠다고 마음먹은 후 맛집 벤치마킹 차 몇 군데 다녀오고 한 달 이내 인테리어 하고 오픈했을 때 과연 오픈발이 있은들 얼마나 지속될 수 있을지를 생각하면 답은 금방 나온다. 세계적인 햄버거 브랜드인 맥도날드가 한국 시장에서의 데이터를 본사에서 굉장히 비중 있게 다룬다는 기사가 있었다. 한국 소비자는 트렌드에 민감하고 맛에 대한 분별력이 뛰어나며 외식에 대한 기준치가 높아서 한국에서 테스트한 후 결과가 좋은 데이터는 다른 나라에 적용하면 선택 여지없이 성공할 수 있다는 것이다. 그만큼 우리나라 소비자는 외식업 시장에서 상향 평준화되어 있다는 것이므로 애국이 차오르는 기분 좋은 이야기이기는 하다. 새로움에 흥미를 느낀 고객이 내가 제공하는 음식, 서비스가 다른 곳에 비해 가치 있다고 느낀 후 재방문을 통해 단골로 남는 과정이 지나가면 그제야 진정한 장사를 시작한다고 볼 수 있다.

코로나19 이후 최악의 경기불황을 경험하고 실제로 현장에서도 체감하고 있지만 최근 20년만 놓고 봐도 경기가 좋았다는 얘기는 한 번도 없었다. 매번 이슈가 있었고 해마다 올해 더 안 좋다, 하반기에 더욱 안 좋아진다, 내년에 더 최악이다 등등 경기는 많은 이유를 달고 다니며 늘 나빴으나 그 와중에도 대박을 터트리고 큰 돈을 버는 사람들은 항상 존재한다. 물리적인 환경은 나뿐 아니라 남들에게도 동일하게 적용되는 것이므로 그저 살길을 찾아내는 것은 이 일을 시작한 사람의 몫일뿐이다. 오픈시기에는 처음 매장을 방문하는 고객에게 강점을 어필하고 다른 브랜드 대신 우리 매장을 방문해야 하는 이유를 각인시키는 시기이다. 인터넷이 지금처럼 발달하기 전에는 오픈 초기 미흡한 서비스나 맛에 대해 불만족한 고객들이 다시 오지 않거나, 재방문으로 한 번 더 검증을 거치면 그만이었으나 지금은 완전히 다른 환경에 처해있다. 아무리 오픈 기간이라 할지라도 고객들의 잣대는 다르지 않고 샅샅이 문제점을 찾아내서 기록으로 남긴다. SNS로 퍼지기 시작한 단점은 쫓아 다니면서 해명할 수도 없고 그 파급 속도를 따라갈 수도 없다. 가장 큰 문제는 단점이 계속 기록으로 남겨져 있다는 것이다. 장점으로 단점을 가리는 작업은 훨씬 더 많은 에너지 소모와 비용을 수반한다. 매장시스템을 수정하고 검증하는 기간이 그만큼 더 짧아졌다는 얘기다.

대부분 매장을 오픈할 때 가장 신경 쓰는 부분은 임대료이다. 건물주와 계약하기 나름이지만 공사기간 동안 1~2달 정도의 렌트프리를 적용해 주는 곳도 있지만 그렇지 않은 경우 서둘러 오픈하고 싶어 한다. 하루하루 오픈이 늦어질수록 임대료를 계산하며 불안해한다. 그래서 초기 창업자의 경우 본인 역량, 원가분석, 인건비 등을 계산해서 임대료 감당이 가능한 곳으로 입점해야 한다. 아무리 장사가 잘돼서 매출이 높아지더라도 임대료가 너무 높은 경우 감당이 힘들다. 그래서 매출보다는 영업이익을 따져보란 얘기를 하는 것이다. 영업이익이 받쳐주지 않는 매출은 속 빈 강정과 같을 뿐이다. 공사기간과 더불어 미리 직원들과의 업무 분담, 메뉴 테스트, 운영 매뉴얼 등을 꼼꼼히 점검해서 오픈 스케줄을 잡아야 한다. 특히나 가장 기본인 메뉴가 준비되고 직원교육이 마무리되지 않은 시점에서 오픈은 임대료를 한 달 늦추는 한이 있더라도 할 수 있는 한 완벽히 준비하려 노력해야한다. 그렇게 준비하고 오픈해도 막상 손님이 많아지면 우왕좌왕하기 마련이다. 영업시간이 아침부터 밤까지 길게 이어지는 매장의 경우 우선 가오픈 기간을 1주일 정도 가지면서 점심 영업 정도만 우선 해보거나 영업시간 단축하기를 추천한다. 개업식 역시 절대 지인들을 불러 잔치하든 하지말자. 개업식 하느라 쓸데없이 음식을 하고 준비하느라 직원들과 오픈 전 미리 진 빼는 모습을 수없이 많이 봤다. 그렇게 개업식에 힘쓰는 매장치고 오픈 준비가 제대로 된 사례를 보지 못했다. 지인들은 정리된 후 오라고 하고 오픈 때는 무조건 영업 준비에만 집중하면서 순수고객들에게 평가받아야 한다. 일주일 정도 운영하면서 메뉴의 맛, 데코, 서빙 동선, 식재료 발주 및 관리, 직원 서비스 교육, 고객 컴플레인 응대 요령 등의 감을 잡는 데 집중하고 영업시간 후에는 직원들과 해결 사항 등을 공유하면서 수정하며 하루빨리 정상영업을 할 수 있도록 목표를 잡아야 한다. 영업초기에는 기본사항에 집중하고 일주일 후, 한 달 후, 3개월 후에는 메뉴 ABC 분석을 통해 판매 추이를 점검하고 고객의 피드백을 모두 반영하여 하나씩 개선하는 것이 순서다. 오픈발에 기대기보다는 정상 운영을 하는 것에 목표임을 정확히 인지하고 고객의 니즈에 맞춰 움직여야 한다.

고객이 소문낼 수 있는 키워드 추출하기

뷰 좋은 카페, ** 맛집, 주차가능 고깃집, 데이트 핫플 등 키워드는 이제 익숙하다. 소비자의 방문목적을 단적으로 확인할 수 있는 키워드로써 마케팅 포인트로 사용된다. 이는 단적인 홍보문구일 뿐 내 매장을 대변하는 키워드일 수는 없다.

남양주에는 아침 10시부터 오픈런을 해야 하는 떡볶이집이 있다. 큰 바구니에는 오픈 전 준비해 둔 먹음직스럽고 큰 튀김들이 15종 이상 쌓여있고, 과일과 해물 육수로 만든 떡볶이 양념장과 요즘 많이 사용하는 손가락 굵기의 짧은 밀떡이 아니라 판밀떡볶이를 직접 손으로 가닥가닥 뜯어낸 밀떡으로 만든 떡볶이가 이미 맛있게 조려지고 있다. 어육함량이 높은 어묵과 시원하고 개운한 국물, 잡내 없이 고소한 순대와 내장도 하얀 김을 내뿜으면서 삶아지고 있다. 테이블이라고는 10개도 채 되지 않는데도 불구하고 둘이 와서도 떡볶이, 순대, 바구니 가득 튀김을 주문해서 먹는 것이 룰이다. 비조리 밀키트도 냉장고에 가득 들어있으나 포장 손님들은 두 손 가득 채워 사간다. 10시 오픈 전부터 길게 늘어선 줄은 좀처럼 줄어들 기미가 없다. 11시가 되기 전에도 튀김 바구니가 몇 번이 바뀌고 점심시간만 돼도 sold out 되는 메뉴들이 생기면서 저녁도 되기 전에 재료소진으로 문을 닫는다. 이 매장은 브랜드 이름보다 튀김이 맛있는 밀떡볶이집, 한 시간 줄 서는 떡볶이 맛집, 아들 친절이 감동적인 떡볶이집으로 불린다. 고객들이 지어준 리얼 키워드다. 또한 이곳은 가족 운영을 하면서 친절을 넘어 어쩜 보살일까 싶을 만큼 고객을 대하는 진심이 느껴진다. 각각의 주문내역을 복창하고 계산 후와 서브 시 다시 한 번 주문한 내역이 맞는지 확인하며 맛있게 드시라는 진정성이 담긴 말투로 인사를 전해줘서 먹기도 전에 감동이다. 개별메뉴단가는 낮고 요구사항이 많아 계산도 복잡하고 길게 늘어선 고객들 때문에 매장을 가린다고 옆집에서 컴플레인도 잦아 짜증이 날만도 한데 목소리 톤이 높아지는 법도 없이 고객에게 양해를 구하면서 응대하는 모습이 인상적이었다. 몇 년전 방송 여파라고 보기엔 여러 요소들이 너무 진심임을 알 수 있다. 나도 단 두 번의 방문으로 단골이 되기 충분했다. 밀떡매니아로써 판떡을 하나씩 뜯어 만드는 곳을 찾기 힘든데 그렇게 바쁜데도 불구하고 고수하고 있고, 소스며 튀김이며 뭐 하나 치우침 없이 조화롭다. 맛에 충실한 메뉴, 고객이 미안할 만큼의 친절한 응대, 홀과 포장까지 신경 쓴 세심함이 결국 이 브랜드의 본질을 스스로 드러냈고 고객에게 스며들기에 충분했다. 반면 영등포에 있는 순댓국집은 주인장의 불친절로 악명이 높다. 순댓국집의 특성상 혼밥이 많은데 혼자 온 고객은 2인석이 비기 전에는 절대 입장 불가이고 호출 번호를 부르는 주인아주머니의 목소리는 짜증과 화가 잔뜩 서려 있다. 저럴 거면 왜 장사하나 싶을 정도로 막 대한다. 다른 손님들도 나이가 지긋하신 남자 손님들이 대부분이고 대박집이라니까 이해하는 정도이지 욕쟁이 할머니 콘셉트가 먹히는 곳은 아니었다. 옆에서는 걸레인지 행주인지 모르겠는 것으로 닦아주는 테이블에 물기가 있으니 한 번 더 닦아달라고 요청하는 손님에게는 바빠 죽겠는데 왜 그렇게 까다롭게 구냐며 죽자고 싸우려 달려들었다. 나도 얼른 주문을 취소하고 나오는데 사람 많은데 장난하냐며 지르는 소리가 뒤통수에 날아들었다. 외식업의 섭리를 너무 잘 아는 탓에 어지간해서는 그냥저냥 먹고 마는데 먹기도 전에 나오기는 처음이었다. 요즘 물가보다는 저렴하고 근처 딱히 먹을 만한 밥집이 없는 상권에 오래된 곳이라서 아직은 고객이 많을지 몰라도 앞으로 얼마나 갈지 싶었다. 식사하고 나오는 고객들의 표정은 대체로 어두웠고 배가 불렀구나, 대충 먹고 다신 안 오겠다는 말들이 들려왔다. 검색해 보면 이 집의 키워드는 너무 불친절해서 다시는 안 갈 집, 소문내서 못 가게 해야 하는 집, 욕쟁이 할머니 집인지 착각하는 집 등이 뜬다. 그간 찾아와 준 고객들 덕에 지금의 대박집이 존재하는 것인데 서서히 무너뜨리는 모습이 참 안타까웠다.

대박집의 대부분은 별명이 존재한다. 앞서 언급했던 홍보를 위한 키워드가 아닌 고객이 느끼고 다시 찾아갈 이유에서 비롯된다. 음식점의 본질은 물론 기본적인 맛이다. 그곳에 가야 하는 이유를 각인시킬 메뉴 구성이든, 감동적인 서비스가 됐든, 기억에 박히는 이벤트가 됐든, 남이 따라 할 수 없을 만큼의 인테리어가 됐든 간에 우리 매장만의 차별점을 하나씩을 부각시켜야 한다. 물론 막연한 차별점을 찾아 브랜드나 메뉴에 맞지 않게 적용할 필요는 없다. 예를 들어 다이닝 레스토랑에서 할 법한 서비스를 좋다고 편안하게 밥을 먹어야 하는 식당에 적용하면 고객에게는 감동보다는 그저 불편한 식당으로 인식될 따름이다. 메뉴 역시 시그니처를 중점적으로 부각해야 집중도가 높아져 매출 상승에 효과적이듯 모든 장점을 다 담으려 하기 보다는 고객이 기억할 수 있는 'only one history'면 된다. 10개의 장점을 만들기보다는 1개의 단점을 제거해서 재방문율을 높이는 편이 훨씬 효과적인 전략이다.

제발 지인에게 묻지 말자

창업을 준비하면서 가장 많은 의견을 묻는 대상은 주변 지인들에게 묻기가 쉽다. 진심으로 걱정하는 마음으로 조언해 줄 것이라 생각하기도 하고 한편으로 일반적인 소비자에게 받는 평가가 두렵기 때문에 내 편에 서서 지지해 줄 사람들이 필요한 것일 수도 있다. 아이템을 찾고 메뉴를 설정하는 과정에서 여러 의견을 수집하는 것은 좋지만, 이미 결정된 사항에서 지인들의 의견을 듣는 것은 자칫 내가 설정한 목표에서 벗어난 이견으로 발목을 잡는 경우도 허다하다.

친구끼리 합심해서 새로운 브랜드를 런칭 하려는데 현재 잘 나가고 있는 브랜드를 카피하고 싶다는 상담 의뢰가 왔다. 카피 대상 브랜드는 육류 프랜차이즈 회사에서 야침 차게 기획한 브랜드로 꽤 많은 인지도를 얻고 있고 본사 또한 굉장히 탄탄하게 운영되는 곳이므로 자칫 잘못된 카피를 진행하자는 것은 위험한 생각이었다. 잘하는 곳을 벤치마킹해서 정체성을 부여한 브랜드로 재창조해야지 무조건적인 카피는 지식재산권을 침해하는 일이므로 상세히 설명과 설득을 반복했다. 여러 번의 미팅 끝에 구연하려는 브랜드 방향성이 '복고'로 정리됐다. 80~90년대 인테리어와 식기 모든 것을 함께 에 맞춰나가면서 메뉴를 기획했고 근처 오피스 상권에서 퇴근 후 회식, 친구들과 함께 편히 술 한잔 할 수 있는 고깃집 등의 콘셉트를 가지고 아늑하고 복고 느낌이 가득한 공간이 탄생했다. 메뉴도 그에 맞춰 고기와 함께 제공되는 기본 국물, 밑반찬을 먹는 순서대로 서빙하는 방식으로 세팅했다. 기물이며 인테리어 메뉴 콘셉트까지는 대표님이 요청한 방향성과 우리가 제시했던 기획과 명확히 맞아떨어져서 참 기대되는 작업이 진행되었다. 문제는 메뉴테스트에서 발생했다. 1차 관능검사에는 대체로 다양한 직원들과 함께 블라인드 테스트를 하는 것이 그나마 한쪽으로 치우치는 의견을 좀 중화시킬 수 있다. 관능검사마다 혹시 그 안에 놓친 부분이 있는지 체크하면서 각기 다른 의견들을 모두 기록하고 상의하고 그 중심을 잡아 최종 메뉴와 맛, 형태를 결정하게 된다. 그런데, 대표님들은 모든 직원을 배제하고 외부 손님에게 테스트하는 것이 맞다고 하시면서 고향 동창들이 같이 오시게 했다. 전라도 토박이 대표와 친구들은 탕에 젓갈을 넣자. 간이 더 쎄야한다. 김치에 양념이 더 두껍게 들어가야 한다, 고기에는 매운 반찬이 들어가야 한다. 나물을 여러 개 주자는 등의 훈수가 시작되었다. 결과 도출을 위한 3번의 관능검사 중 2번이 이렇게 흘러갔다. 보통 이런 경우 결과가 제대로 나오기는 힘들지만, 나는 결과를 내줘야하는 사람이므로 어느 정도의 강단 있는 설득을 가장한 통보가 불가피하다. 테스트 후 대표님께 서울 한복판에서 운영할 매장이므로 전라도 색채가 강한 그 의견을 모두 반영할 수 없고 더 이상의 지인들의 테스트를 진행할 시에는 관능검사의 의미가 없다고 설득했으나 전라도 음식이 팔도에서 가장 맛있으므로 친구들의 평가가 가장 정확하다는 고집을 놓지 못하셨다. 그저 해달란 대로 해달라고만 반복하셨고 마지막 테스트는 직원들과 진행하지 않으면 관능검사는 멈추겠다고 초강수를 두었다. 그래서 3차 관능검사는 홀 직원, 주방 직원이 모두 참여하고, 인테리어, 디자인 직원들까지도 모두 참석해서 테스트를 진행했다. 당연히 서울에서 근무하는 직원들의 경우 간이 너무 쎄다. 젓갈 냄새 싫다. 나물 반찬이 안 어울린다 등의 정반대 의견이 나왔다. 직원들의 의견에 당황하신 대표님과 3차 결과를 토대로 메뉴의 맛과 구성 등을 결정하고 직원교육을 진행한 후 오픈을 했다. 처음 한 달 정도는 오픈발과 더불어 근처에서 보기 드문 콘셉트와 맛이라는 평가가 주를 이루면서 예상 매출을 훨씬 웃돌았다. 매장 분위기 체크 상 계약 사항에는 없으나 오픈초기에는 시간 되는대로 방문해서 손님들의 반응을 보고 보완점을 체크해 주곤 하는데 3개월쯤 지나서 연락이 왔다. 처음에 왔던 손님이 떨어지는 이유를 모르겠다는 대표님 전화에 혹시 메뉴 맛을 건드셨냐 물었더니 손님들이 싱겁다고 해서 간을 올렸다고만 하셨다. 분명 2차 점검으로 돌려놓았을 것이라는 예상이 되었다. 매장을 다시 방문해서 모든 메뉴를 손님상 그대로 체크해 보니 내 예상대로 2차 테스트 시 동창들이 지적했던 맛, 구성, 반찬으로 모두 바뀌어 있었다. 애써서 잡은 콘셉트를 한순간에 친구들 말로 다 뒤집어 두시고 뭐가 문제인지를 모르고 계셔서 이 구성 그대로 가실건지 물으니 그렇다고 하셨다. 내가 진단한 내용들을 다시 정리해서 모두 말씀드렸고 현재 구성대로 밀고 가신다는 것은 선택이라고 생각바뀌시면 다시 연락 달라 말씀드리고 돌아왔다. 1년도 되지 않는 시점에 폐업 수순을 밟는다는 소식을 들었고 그 후 얼마 지나지 않아 지나는 길에 다른 매장이 영업하고 있는 것을 확인했다.

이 일을 하면서 가장 큰 딜레마는 이런 상실감을 접할 때이다. 물론 내가 점쟁이도 아닐뿐더러 내 말대로 하면 무조건 대박 난다고 하는 것은 사기꾼이다. 단지 그간의 경험을 바탕으로 꾸준히 시장조사를 하고 공부하면서 해당 브랜드의 방향성을 함께 찾아 그에 부합하는 메뉴의 맛과 형태를 그려 기획안을 수립한다. 그리고 최소한의 시행착오만을 거쳐 빠른 시간 안에 안정된 매장 운영을 하도록 도와주는 것이 가장 큰 보람이고 성과이다. 나와 함께 협업하는 이유를 잘 생각하고 활용하길 바란다. 제발 지인들이 흩날리는 책임감 없는 개인 의견을 조언으로 받아들이지 말고, 설사 첫발이 잘못되었을지언정 내 고객이 하는 얘기에 귀 기울여 하루라도 빨리 선회하는 것이 아까운 내 창업비를 지키는 길이다.

내 브랜드 이미지와 메뉴에 대해 일기부터 써보자

하루 3줄 일기, 감사 일기 등 간단하게 날마다 기록하는 습관은 성공한 리더들 사이에서 필수로 실행하는 방법으로 TV나 책을 통해 많이 소개된다. 그 영향력인지 자기 계발에 몰두하는 사람들의 SNS 안에 '갓생살기 프로젝트'에서 항상 빠지지 않고 등장하는 방법이 간단한 글쓰기이다. 나도 스트레스를 글로 쓰는 것에 익숙하다. 회사를 다닐 때는 아침에 1시간 정도 일찍 출근해서 그저 생각나는 대로 막 15분정도 글을 썼다. 책을 읽고 쓰기 시작했는데 꽤 효과가 좋았다. 출근길 느낀 날씨, 하늘색, 바람 느낌을 비롯해서 업무적으로는 어제 받았던 스트레스에 관한 것. 상사나 직원들에 대한 불만 등을 마구잡이로 써 내려갔다. 글씨도 예쁘게 쓸 필요 없고 누가 볼 것도 아니라 그저 내 안에 있는 것들을 꺼내어 쓴다는데 의미를 두며 쓰다 보니 스트레스도 풀리고 머리도 좀 비워지는 느낌이 들어 좋았다. 나에 대한 생각이 너무 여과 없이 마구잡이로 써놔서 내 스스로 치부책이라 부르기도 했고, 책에서도 최소 몇 달을 다시 읽지 말라 해서 들춰보지도 않았다. 하지만, 나조차도 다시 읽을 것은 아니라 생각하니 생각 표현하는 것이 자유로웠다. 그 어떤 것을 써도 무방했고 쓰다 보면 업무와 관련한 창의력이 하나둘씩 튀어나오기 시작했다. 15분간 그 치부책을 쓰고 나서는 다시 15분 정도 그날의 업무리스트를 작성했다. 기획이 주 업무이므로 관련 자료를 발췌하고 그 안에서 영감을 얻는 것은 꽤 집중력을 요하고 성과와도 직결되는데 이 두 가지의 작업은 내 업무성과를 올리는 데 큰 영향력을 발휘했다. 쓰지 않던 단어를 사용해서 브랜드 정체성을 표현하는 문장을 만들어 내고 흘려볼 수 있는 주변을 좀 더 관심 있게 둘러보고 기억한 후 기록하는 습관은 메뉴 기획을 할 때도 특장점을 빠르게 파악하고 좀 더 창의적인 생각을 하도록 만들었다. 지금도 꾸준히 하는 글쓰기는 퍼스널 브랜딩의 히스토리가 되어주고 있다.

이처럼 그날그날의 소소한 기록이 내 브랜드 이미지를 구체화 시켜준다. 매장에서 가만히 하나씩 뜯어보면 기록할거리가 무궁무진하다. 예를 들어 돈가스 매장이라면 브랜드 이름을 어떤 과정을 거쳐 만들게 되었는지 왜 그 메뉴를 선택하고 개발하게 되었는지 이 매장을 얻기 위해 있었던 에피소드 등을 적어 보는 것이다. 단순히 마케팅하기 위해 만드는 브로슈어 등에 들어가는 문장처럼 정제할 필요가 없다. 그저 일기 쓰듯 편하게 쓰면 된다. 노트에 적어도 좋고 블로그나 인스타에 비공개 계정을 만들어서 기록하면 된다. 메뉴에 관한 것도 마찬가지다. 메뉴 개발 과정을 사진 찍어 적어보면 레시피와 동선을 수정하는 작업이 자연스레 이루어지고 그 가운데 신메뉴 아이디어도 얻을 수 있다. 기물을 구입하는 과정, 샘플테스트 과정, 벤치마킹 다녀와서, 다녀오기 전 기대 사항, 신문 기사에 따른 의견, 메뉴에 대한 고객의 다양한 반응, 그 반응에 따른 나의 기분 등을 적는 거다. 사실 매장에 있다 보면 시간을 내서 글 쓴다는 것이 쉽지 않을 수 있지만 영업시간 전, 오후 한가한 시간 등 10분 정도 꺼내서 기록하는 시간으로 사용하면 된다. 직원들에게도 매일 같은 시간 대표가 스스로 브랜딩에 대한 글 쓰는 시간이 있음을 보여주는 것도 교육이다. 그 시간과 기록이 어느 정도 쌓이면 링크를 걸어 예약전화나 문의 전화 오는 고객들에게 문자를 보내 보내는 것으로 활용할 수도 있다. 이 모든 일련의 과정은 내 브랜드를 탄탄하게 뿌리내리게 만드는 투자 중 하나이다. 대박집이 되어 브랜드스토리를 만들고자 수백, 수천만 원을 들이는 경우도 많은데 대표가 직접 매장의 히스토리를 기록해둔다면 그처럼 생생한 기록이 어디 있겠는가? 이처럼 훌륭한 마케팅 도구는 있을 수 없다. 외주를 맡긴다 할지라도 충분한 자료로써 브랜드를 훨씬 더 풍부하게 홍보할 수 있는 기반을 마련해준다. 기록이 습관이 되면 더 집중해서 매장을 관찰하고 개선점을 찾아 수정을 반복하게 되는 시스템을 내 손으로 만들어 가는 짜릿한 경험을 하게 된다. 직원들에게도 그저 일만 하는 대표가 아닌 매일 고민하고 성장하는 과정을 몸소 보여주면서 동기부여를 전달하는 수단이 된다. 가장 큰 순기능으로는 고객의 컴플레인의 개선과 더불어 우리 매장에 대한 충성도가 높은 고객들의 피드백에 대해 쌓인 기록은 내가 이 매장을 이끄는 원동력으로써 큰 작용을 한다. 지치고 힘든 순간들도 이 과정을 통해 내 브랜드를 지지하는 고객들에게 힘을 얻어가며 앞으로 나아갈 방향성도 하나씩 윤곽이 드러나도록 내 스스로 만드는 브랜드 역사서가 남게 된다. 기록된 역사는 과거를 돌아보고 미래의 길잡이라는 진리는 변하지 않는다.

이야기의 주인공은 내부고객-직원으로부터 시작한다

사람이 먼저다! 어느 정치인의 슬로건은 외식업에 더 찰떡으로 어울린다. 사람을 제외하고는 외식업을 논할 수 없다. 그중 내부고객인 직원은 내 브랜드 스토리를 파생시킬 수 있고 최종고객과의 접점을 담당하는 1차 고객이다.

만두 등 한식 제품으로 유명한 A브랜드는 내부고객에 집중하여 브랜드 스토리를 교육하고 성과를 얻는 것으로도 잘 알려져 있다. 건강한 식생활을 중요시하는 브랜드의 가치를 반영하도록 조직문화를 형성하도록 리더십 프로그램을 운영하고 이들을 통해 브랜드 메시지가 확산하고 실천하도록 했다. 또한 정기적인 미팅, 내부 커뮤니티 시스템을 강화해서 제품에 대한 지속적인 개발 과정과 정보 등을 공유했다. 또한 해당 배경에 대한 교육을 철저히 진행함으로 브랜드에 대한 이해도가 높아지도록 지원했다. 직원들에게는 창의적인 아이디어와 의견들을 취합하는 공유 프로그램을 운영하면서 레시피 개발, 제품 개선, 마케팅방안 등 다양한 분야에서 브랜드 가치성장에 기여할 수 있도록 했다. 이러한 다각적인 시스템은 직원들의 참여도를 증가시켜 고품질의 제품을 생산하는데 기여하고 지속적인 성장을 이루어 낼 수 있도록 동기부여와 자긍심을 심어주는 결과를 가져왔다. 대기업이기 때문에 체계적인 시스템을 갖춰 교육하는 것이 좀 더 용이할 수는 있지만 일반적인 소상공인들도 아래처럼 적용해볼 수 있다.

1> 내 브랜드에 대한 스토리, 고객에게 전달하고 싶은 사항들을 정리해서 A4용지 2~3장 정도로 작성한다. 글씨가 많을 필요는 없고, 맛, 이미지, 서비스 포인트 등을 간단하게 누구나 한눈에 보고 이해할 수 있을 정도로 쉽게 정리한다.

2> 조회 시간을 이용하거나 직원 교육 시간을 따로 빼서 해당 사항에 대한 교육을 실시한다. 교육 후 직원들이 정확히 인지하고 공감하는지는 서로 대화 형식을 통해서 확인해야 한다. 직원이 공감하고 필요성을 느끼는 것이 교육의 목적이다.

3> 교육 후 직원들이 고객에게 전달해야 할 사항은 바로 실행할 수 있도록 연습시켜 본다. 연습 때 안되는 것이 고객에게 전달될 리 만무하다.

4〉 브랜드가 추구하는 가치에 관한 아이디어는 언제든 건의할 수 있으나 건의했다고 모두 반영되는 것은 아니며 최종 결정은 늘 대표가 한다는 것을 명확히 전달한다.

5〉 한 번의 교육으로 직원들이 변할 것이라는 생각은 버리고, 지속적인 내부 브랜딩을 진행함으로 인한 직원 근무 기간을 상승시키면 장기적으로는 인재 유치에 대한 투자비용을 줄일 수 있다.

위와 같은 교육을 통해 방향성을 공유하고 직원들 자체가 우리 브랜드의 스토리가 될 수 있다는 것이 인지되면 자신들의 경험과 업적을 통해 좀 더 의미 있는 자부심을 느낄 수 있게 되고 동시에 책임감도 달라지기 마련이다. 직원들이 스토리에 등장하려면 다양한 배경 직원들의 이야기를 듣고 공유해야 하므로 아이디어 교환 및 정보공유가 활발해지면서 내부 소통을 강화하는 장점도 있다. 이때부터 직원들은 대표와 동질감을 일으키기 쉬운 형태로 발전하면서 서로 간의 신뢰가 쌓이면 충성심을 가지고 오래 근무하고 싶은 의욕을 가지게 된다. 또한 자신의 자긍심이 자리 잡은 직원들은 고객에게 브랜드 스토리를 전달하기 용이해진다. 왜 우리 브랜드를 선택해야 하는지 기준이 직원들 스스로 명확해지기 때문에 매 순간 접점에 있는 고객에게도 본인이 느낀 공감의 포인트로 브랜드에 관한 스토리를 전파하려 노력하게 된다. 내부고객으로부터 전달되는 진정성 있는 메시지는 브랜드에 대한 이미지를 향상함은 물론 고객과 직원 간의 친밀하고 인간적인 요소가 담긴 관계형성은 충성고객의 창출로 이어진다. 내부고객이 공감되지 못하는 서비스는 외부고객에 불량한 서비스로 전달될 가능성이 높기 때문에 직원의 만족도는 외부고객의 만족도와 직결될 수밖에 없다. 1차 내부고객인 직원은 내 브랜드 스토리를 구성하고 전파하는 가장 효과적이고 중요한 자산임을 잊지 말아야 한다.

믹스&매치는 내 장점과 고객의 니즈의 결합

샌드위치 브랜드 S사는 고객의 니즈에 맞춰 샌드위치를 조합해서 제공하는 믹스&매치의 성공 사례로 꼽힌다. 다양하고 신선한 채소와 식재료, 소스 등을 제공하면서 고객들 스스로 맞춤 레시피를 선택하며 만족도를 높인다. 빵, 프로틴, 치즈 등도 옵션으로 선택의 폭을 넓히고 개인들의 맞춤 취향을 경험으로 제공하여 충성도와 질리지 않는 반복적인 구매율을 높이는 효과를 노린다. 샌드위치에 건강한 이미지를 입혀 이를 추구하는 고객의 요구에 유연한 시장 대처 능력을 가지게 되었다. 모든 메뉴에 칼로리를 표시하고 어울리는 소스 조합이나 추천메뉴 등을 고지해서 고객의 니즈에 따라 샌드위치를 선택할 수 있도록 돕는다. 마케팅 역시 현대인의 건강식이라는 이미지에 맞춰 신선한 야채와 재료들을 부각한다. 보통 믹스&매치라고 하면 메뉴에 국한하거나 콘셉트만을 섞는 것을 생각하는 경우가 많지만, 이 브랜드는 개인화된 메뉴 선택 옵션을 경쟁력으로 내세운 콘셉트로 현대 소비자들의 니즈에 초점을 맞춰 큰 장점으로 적용한 사례이다.

이태원에서 경영분석을 의뢰받은 사례를 소개하겠다. 대표님은 프랑스에서 양식 공부를 마치고 한국에서 한식 다이닝과 프랑스 다이닝을 믹스&매치한 코리안 프렌치 콘셉트의 브랜드를 운영하고 계셨는데 매출 대비 영업이익이 나질 않아서 전반적인 경영점검을 의뢰하셨다. 이번에는 메뉴 기획이 아닌 경영분석이 목적이라 매출 대비 원가분석을 필수이므로 메뉴부터 우선 체크해 봐야 했다. 어떤 메뉴들이 견인하고 있는지 원가는 어떤 문제가 있는지 검토했다. 오랜 경험으로 쌓은 실력으로 기본 맛은 너무 좋고 플레이팅도 너무 좋았다. 그런데 이태원에서 그 음식을 먹으러 가는 소비자가 누구일지 타깃이 모호했다. 젊은 연인이 유독 많이 찾는 상권에 자리 잡고 있으며 인근 타 매장들의 인지도도 치열한 가운데 매장 위치는 골목에 한쪽으로 치우쳐 있었다. 꼭 찾아와야 하는 이유가 존재해야 하는 상권이었다. 맛이 좋은 대신 모든 메뉴를 파인다이닝 형태로 제공하고 가격도 너무 비쌌다. 메뉴 하나당 최소 3~5만 원이 형성되어 있었고, 2인이 방문해서 에피타이저, 본 메뉴, 디저트 메뉴까지 먹자면 10만 원이 훌쩍 넘었다. 코로나 5~6년 전이라는 것을 감안한다 해도 가격이 무거웠다. 깔끔하고 가볍게 먹을 수 있는 흡사 파스타 매장 같은 인테리어에 오픈 주방에 셰프들이 무려 6명이나 되었다. 홀에는 메뉴 설명이 되지 않는 알바가 1명만 근무하고 있었고, 테이블은 불과 8개 남짓이었으므로 만석이라고 할지라도 직원이 더 많은 형태여서 인건비 오버라는 것도 금방 파악할 수 있었다. 일단 메뉴 ABC분석을 통해 과감하게 10개 이하로 메뉴를 줄였다. 30개가 넘는 메뉴는 한국식 프렌치에 익숙하지 않는 고객에게 어려운 숙제와 같았다. 메뉴축약과 더불어 가격을 낮출 수 있도록 레시피를 점검했다. 아이러니하게도 가장 많은 판매가 이루어졌던 생선요리의 경우 생 우럭을 경동시장에 가서 매일 마리당 2만 5천 원~3만 원 정도로 구입해 왔는데 메뉴 가격이 3만 5천 원 선이었다. 고객이 가장 많이 찾는 메뉴이므로 홍보비라 생각한다면서 생 우럭이 부드럽다며 자부심이 대단했으나 영업적인 측면에서는 판매하는 의미가 전혀 없는 메뉴였다. 더구나 생 우럭이 남는 경우 어차피 냉동해서 소진하고 있었다. 냉동 우럭의 경우 도매로 구입 시 2~3천 원대에 구입할 수 있는 곳을 소개해 주고 셰프를 시켜 생 우럭과 냉동 우럭으로 같은 메뉴를 만들게 하고 대표가 직접 블라인드 테스트를 하도록 했다. 한번 튀겨서 오븐에 굽는 형태의 조리법이므로 어차피 식감이 크게 다르지 않음을 알고 있었고 대표 역시 큰 차이를 느끼지 않았다. 단 한 번도 냉동을 쓰겠다고 생각 못했었던 대표는 바로 냉동으로 변경했다. 팔수록 적자일 수밖에 없던 골칫덩이 메뉴는 바로 원가율 좋은 효자 메뉴로 자리 잡았다. 그 외 다른 메뉴들도 점검

후 삭제 및 리뉴얼을 하면서 메인 셰프들도 2명으로 줄이고 대신 홀에는 알바 대신 메뉴를 설명하고 고객과 접점을 늘리는 직원을 매니저급으로 충원하면서 인건비도 절반으로 줄었다. 그간 대표님이 메뉴준비와 홀 설명을 왔다 갔다 하다 보니 어느 것 하나 집중할 수 없었으나 본인이 가장 잘하고 유지하고 싶은 요리 파트로 들어가서 메인 바를 중심으로 요리하는 모습들이 보이도록 동선을 잡았다. 경영분석을 의뢰받았으나 전체적인 운영까지 손을 댄 상황이 되었다. 원가를 점검하고 나서 타깃 고객이 한번 다듬어지고 나니 가격조정도 가능했다. 또한 메뉴명도 선택하기 쉽도록 수정해서 메뉴판을 다시 만들기를 권했다. 다이닝을 고집하기보다는 고객이 좀 더 편하게 한국식 프렌치를 즐기게 하겠다는 대표님의 방향성을 반영해서 구성하도록 했다. 다행히 대표님이 잘 따라와 주었고 수정 운영하고 나서 특별히 마케팅하지 않았으나 기존의 매출과 비슷하게 달성했음에도 적자였던 영업이익이 눈에 띄게 상승한 효과를 가져왔다. 홍보와 입소문만 조금 보태진다면 얼마든지 승승장구하는 매장으로 거듭날 수 있을 거라고 응원해 드린 후 마무리했고, 컨설팅 이후 1년 정도는 꾸준히 연락하면서 계속 매출이 늘어가는 것을 확인할 수 있었던 프로젝트였다.

이 사례에서 고객을 고려하지 않는 믹스&매치는 시장성이 없다는 것을 단적으로 보여주었다. 고객은 필요한 상황에, 원하는 메뉴를, 합리적인 가격에 즐기기를 원한다. 가장 중요한 가격의 기준은 상황에 따라 다르지만, 주 타깃 고객 어떤 것을 원하는지가 가장 중요하다. 모든 고객을 잡겠다는 것은 욕심이다. 메뉴나 제공 방식을 섞는다고 해서 해당 정체성을 고객이 알아줄 수는 없는 노릇이다.

메뉴뿐 아니라 자신만의 브랜드 방향성과 정체성을 분명히 제시하고 그 장점을 고객이 어떻게 이해하고 공감하는지가 관건이다.

에필로그

따뜻함보다는 코로나로부터 해방감이 더 컸던 올해 봄과 유독 비가 많아 더울 틈도 채 느끼지 못한 채 지나버린 여름, 이렇게 두 계절을 거쳐 그간의 저와 대표님들의 가지각색 사례와 가이드가 담긴 제게는 선물 같은 책이 완성되었습니다.

현장에서 정말 막막해하시는 대표님들에게 실질적인 도움이 되는 내용을 정리해야겠다고 마음먹고 나서 참 많이 망설였던 것 같습니다. 혹여 책에 담긴 내용이 자칫 잘못 전달되면 어쩌나 하는 우려와 제가 가진 경험이 모든 상황을 대변해 줄 수는 없다는 불안감, 업계에는 정말 고수인 분들이 많은데 과연 내가 전하는 메시지가 얼마나 도움이 될지 싶은 걱정 등에 목차를 잡는 시간도 꽤 오래 걸렸습니다. 이 시간을 이겨내는 것이 저에게는 큰 용기이며 도전이었던 시간이었습니다.

전혀 다른 업으로 전환하면서 공부를 다시 시작하고 무턱대고 부딪쳐 가면서 일을 할 때마다 주변의 걱정을 가장한 비아냥거림과 수군거림을 이겨내야 하는 것이 더 많은 에너지를 쓰기도 했지만, 그 시간이 쌓여 이제 새로운 일쯤은 그저 설렘으로 그냥 하면 되는 일상일 뿐 그만큼 맷집이 강해져 있음을 깨닫습니다.

외식업에서 몸담고 있다는 것은 제가 느낀 맷집을 강하게 만드는 것이 가장 큰 일인지도 모릅니다. 나와 내 가족과 내 직원들의 생계가 걸려있고, 내가 설정한 방향성이 맞는 것인지에 대한 불안감은 늘 혼자 짊어져야 하고, 그 누구에게도 하소연할 수도, 속 시원한 답을 얻을 수도 없는 정말 외로운 나날을 버텨내는 일이기도 합니다. 하지만, 최소한 답답한 부분을 책을 뒤져 찾고, 강의를 들어보려고 하고 여기저기 묻기라도 하는 사람은 그래도 하려는 의지가 있다는 것이니 시간이 걸리더라도 가만히 떠내려가지는 않을 겁니다.

이 책이 떠내려가지 않도록 손을 잡아드릴 수 있었으면 정말 좋겠습니다. 자주 만나지 못해도 그저 언제든 그 자리에서 안부 한마디로도 큰 위안을 주는 오랜 친구 같은 존재로 늘 그 자리에서 대표님들과 고민을 나누고 싶습니다.

　지극히 낯가리는 성향을 일을 감춰놓고 세심하게 주변을 돌보지 못하는 저를 이해하고, 아직도 새로운 호기심에 좌충우돌 일을 벌이는 제 모습 그대로 지지해 주는 늘 한결같은 가족과 친구, 동료와 선후배들께 정말 감사드립니다. 덕분입니다.